Warum PISA-Lesetraining?

Lesen ist eine wesentliche Voraussetzung für die Teilnahme am öffentlichen Leben und für den beruflichen Erfolg. Wissenschaftler wie Gordon Wells stellen sogar einen positiven Zusammenhang zwischen Lesen und der Schulung von Denken und Intelligenz her (Artelt u.a. 2001, S. 69). Eine geringe Lesefähigkeit bis hin zum modernen „funktionalen" Analphabetismus bedeutet dagegen auch in deutschsprachigen Ländern „einen enormen Chancennachteil. Geringe Lesefähigkeit und -bereitschaft werden daher zunehmend als soziales und politisches Problem ernst genommen" (Artelt u.a. 2001, S. 70).

Die internationale PISA-Studie der OECD hat jedoch gezeigt, dass sich die wünschenswerte Lesekompetenz nicht automatisch einstellt.
Die Gründe dafür sind sowohl in individuellen Defiziten, als auch in familiären, sozialen und schulischen Rahmenbedingungen zu sehen. Ohne die Verbesserung der Rahmenbedingungen aus den Augen zu verlieren (vgl. dazu u.a. Artelt u.a. ebd. S. 131 ff.) wird es immer wieder notwendig sein, zu versuchen, die aus unterschiedlichsten Gründen entstandenen individuellen Defizite beim Erwerb der Lesekompetenz durch eine differenzierende Leseförderung so schnell wie möglich auszugleichen. **Aber auch wer seine Schulzeit längst abgeschlossen hat, kann seine Lesekompetenz noch verbessern oder wenigstens seine Lesegeschwindigkeit steigern.** Dazu möchten die jahrgangsübergreifend angelegten und auch außerschulisch einsetzbaren Hefte der Reihe PISA-Lesetraining einen Beitrag leisten.

Wie ist PISA-Lesetraining aufgebaut?

Die Arbeitshefte orientieren sich an Qualifikationsstufen, die als Grundkurs (G1 und G2), Mittelkurs (M1 und M2) und Aufbaukurs (A1 und A2) konzipiert sind.

Zentrale schulische Anforderungen werden bei den Aufgabenstellungen berücksichtigt. So kann die Grundstufe auch in den Jahrgangsstufen 1/2 als Lern- und Fördermaterial eingesetzt werden. Der Mittelkurs berücksichtigt Zielvostellungen der Jahrgangsstufen 3/4, der Aufbaukurs entspricht den Jahrgangsstufen 5/6. Innerhalb eines Heftes, innerhalb einer Qualifikationsstufe (G, M, A) und von einer Qualifikationsstufe zur nächsten findet hinsichtlich des Schwierigkeitsgrades eine Progression statt. Die Hefte bauen also aufeinander auf, sind aber auch unabhängig von einander einsetzbar.

Die Schüler-Arbeitshefte von PISA-Lesetraining enthalten je acht Aufgabenseiten und acht Seiten Lösungshilfen plus Lernbox und Lernkärtchen.
Die Lehrer-Kopiervorlagenbände – in diesem Fall der Grundkurs – enthalten jeweils dieselben Aufgaben und Lösungshilfen. Dazu passen jeweils 64 **Lernkärtchen**, die Sie kostenlos aus dem Internet herunterladen können unter www.mehrzu.de/oel-m210.

Der Inhalt der Einzelhefte wird im vorliegenden Lehrerband aus didaktischer Perspektive kommentiert (S. 3 und 4). Außerdem gibt es **Zusatzaufgaben** (ab Seite 38), die als Orientierungshilfe eingesetzt werden können und eine Bewertung der Lesekompetenz eines Lesers bzw. einer Leserin ermöglichen und die Entscheidung erleichtern, welcher Kurs von PISA-Lesetraining im konkreten Fall angemessen ist.

Die Aufgabenstellungen der Hefte
berücksichtigen und üben verschiedene Teilbereiche des Lesens. Sie sind in einer lernpsychologisch sinnvollen Reihenfolge angeordnet und orientieren sich an Methoden, die innerhalb der Leseforschung als anerkannt gelten können (vgl. z.B. die Ausführungen bei Vanecek 1993). Insgesamt wird vom Einfachen zum Schwierigen vorgegangen: Aufgabenstellungen, die auf der Wortebene angesiedelt sind, führen nach Berücksichtigung der Satzebene schließlich zu einer differenzierten Auseinandersetzung auf der Textebene (Christmann/Groeben 2001). Dieser bewusst mit Schwierigkeiten versehene Text und die entsprechenden Aufgabenstellungen orientieren sich an dem für die PISA-Studie verwendeten Konzept der Lesekompetenz (vgl. Artelt u.a. ebd. S. 89).

Jedes Heft orientiert sich an einem Rahmenthema
von zugleich schulischer und außerschulischer Bedeutung. In Heft G1 ist es der Themenbereich Umwelt / Rund ums Wasser, in Heft G2 der Themenbereich Biologie / Aus der Welt der Tiere. Damit stehen die Aufgaben eines Heftes in einem Sinnzusammenhang, durch den der Prozess der Verbesserung der Lesekompetenz erleichtert wird. Der am Ende einer Trainingsreihe notwendige Wortschatz wird nach und nach eingeführt, erweitert und durch aktive Verwendung im Gedächtnis gespeichert, so dass beim späteren Lesen eine entsprechende Identifizierung möglich wird. Die thematische Verbindung der einzelnen Aufgaben findet sich – so weit möglich – auch in den entsprechenden Übungskärtchen wieder.

Welches Verständnis von „Lesen" liegt zugrunde?

Ganz allgemein wird als Lesen der Prozess der Sinnerfassung und Sinnentnahme bzw. der Dekodierung verstanden, der zum Verständnis eines Textes führt. Neuere Forschungen haben sich jedoch vom Modell einer weitgehend passiven Textrezeption verabschiedet. Man geht eher von einer „kognitiv konstruktiven Text-Leser-Interaktion" (Christmann/Groeben 2001, S. 147) aus. Damit ist gemeint, dass beim Lesen „die im Text enthaltene ‚Botschaft' aktiv mit dem Vor- und Weltwissen der Rezipienten/innen verbunden wird". Auch nach Bamberger ist Lesen mehr als Sinnerfassung. „Durch die Verbindung mit dem, was der Leser zum Denkprozess mitbringt, wird es zur Sinnkonstruktion. Sie ergibt einen neuen Text: den Metatext im Kopf des Lesers" (2000, S. 31).

Dabei ist Lesen als ein komplexer Prozess zu sehen, der von den Voraussetzungen des Rezipienten und der Textstruktur auf der Wort-, Satz- und Textebene abhängig ist (vgl. Christmann/Groeben 2001).

Lesen ist mehr als Lautieren!

Lesen besteht aus unterschiedlichen Teilprozessen. Diese bauen aber wohl nicht hierarchisch aufeinander auf, werden vielmehr parallel durchlaufen und überschneiden sich. Grundlegend ist in jedem Fall das visuelle Erkennen und Wiedererkennen von Buchstaben, Silben und Wörtern.

Übungen zur Erweiterung der Blickspanne unterstützen den Prozess des visuellen Erkennens. Leserinnen und Leser sollen dazu geführt werden, zunehmend längere Textelemente bis hin zu Satzteilen möglichst „auf einen Blick" zu erkennen. Dabei werden Elemente, die in einem bekannten Bedeutungszusammenhang stehen und sich mit dem Vorwissen des Lesers verbinden, deutlich schneller identifiziert. Selbst unvollständig angebotene Wörter lassen sich dann leicht lesen.
Diese vom ursprünglichen Lautieren weit entfernte Form des Lesens führt mit zunehmender Übung auch zu einer höheren Lesegeschwindigkeit, wodurch „Ressourcen für eine tiefere Verarbeitung des Textes zur Verfügung stehen" (Artelt u.a. 2002, S. 128), für jene Anforderungen also, die nach heutigem Verständnis Lesekompetenz ausmachen.

Entsprechende vielfältige Übungen finden sich auf den Lernkärtchen (kostenlos aus dem Internet – das Passwort finden Sie auf der Umschlagseite 2).

Was bedeutet „Lesekompetenz"?

Konkreter wird der Begriff Lesen, wenn man ihn in Zusammenhang mit dem Begriff der „Lesekompetenz" sieht. Dabei handelt es sich um ein Konstrukt, das Gegenstand einer breiten durchaus kontrovers argumentierenden Forschung ist (vgl. dazu Groeben/Hurrelmann 2002). Die PISA-Studie versteht darunter in Anlehnung an angelsächsische Vorstellungen von „literacy" eine „grundlegende Form des kommunikativen Umgangs mit der Welt". Sie ist Bestandteil sprachlich-literarischer Grundbildung, darf jedoch nicht als damit identisch angesehen werden (Artelt u.a. 2001, S. 78 f.).
Beschränkt man sich auf das Lesekompetenz-Verständnis der PISA-Studie, so wird man zu folgenden Aspekten geführt:

- Informationen ermitteln
- Ein allgemeines Verständnis des Textes entwickeln
- Eine textbezogene Interpretation entwickeln
- Über den Inhalt des Textes reflektieren
- Über die Form des Textes reflektieren

Als Subskalen auf insgesamt fünf unterschiedlichen Kompetenzstufen haben diese Aspekte in den PISA-Test Eingang gefunden und können als praxisrelevant angesehen werden (vgl. Artelt u.a. 2001, S. 82 - 89).

Zu welchen Ergebnissen kommt die PISA-Studie?

Hier können nur einige zentrale Untersuchungsergebnisse (bezogen auf Schüler/innen in Deutschland) wiedergegeben werden. Die unten angegebenen Seitenzahlen beziehen sich auf entsprechende Fundstellen in Artelt u.a. (2001). Für eine tiefer gehende Analyse sowie für andere (auch deutschsprachige) Länder wird auf die Literatur (Baumert 2001, Baumert 2002) bzw. auf nationale Auswertungen verwiesen.

- Der Anteil von Schüler/innen, die im Bereich Lesen höchstens Leistungen auf der untersten Kompetenzstufe erzielen, ist in Deutschland mit fast 23% vergleichsweise hoch (OECD-Durchschnitt ca. 18%). Dabei fällt offenbar vor allem das Reflektieren und Bewerten von Texten schwer (S. 103).
- Der überwiegende Teil dieser „Risikogruppe" besteht aus Schülerinnen und Schülern von Haupt- und Sonderschulen, wobei deutlich mehr Jungen als Mädchen vertreten sind (S. 117).
- In dieser Risikogruppe finden sich nur 36% Schüler/innen, die im Ausland geboren sind und von denen mindestens ein Elternteil im Ausland geboren ist (S. 117 f.).
- Lehrkräfte sind nur unzureichend in der Lage, leistungsschwache Leser/innen in ihren Klassen zu identifizieren (S. 119 f.).
- Im oberen Leistungsbereich (Kompetenzstufe V) wird in Deutschland fast der OECD-Durchschnitt von 9,5% erreicht, in Ländern wie Neuseeland oder Finnland ist der Anteil dieser leistungsstarken Schüler allerdings ungefähr doppelt so hoch (S. 103 f.).
- Der Anteil der Schüler/innen, die „zum Vergnügen" lesen, liegt in Deutschland unter dem OECD-Durchschnitt, der Wert für Schüler/innen, die überhaupt nicht zum Vergnügen lesen, ist mit 42% extrem hoch (S. 113 - 116).

Zusammenfassung: Das „Niveau der Lesekompetenz deutscher Schülerinnen und Schüler ist im internationalen Vergleich eher niedrig und der Anteil von Schülerinnen und Schülern mit sehr schwacher Leseleistung ist vergleichsweise hoch" (Artelt u.a. 2001, S. 131).

Grundkurs 1: Rund ums Wasser

Zieltext ist Aufgabe 8 auf S. 20.

Dieser Zieltext und die entsprechenden Fragen dazu orientieren sich überwiegend an den Anforderungen der Kompetenzstufe I der PISA-Studie 2000. Die dort beschriebene Kompetenz (Artelt 2001, S. 89) soll durch die systematische Bearbeitung der vorhergehenden Aufgabenseiten erworben werden.

Aufgabe 1 führt sehr allgemein in die Thematik ein und schult die Indentifikation sinnvoller Wörter. Die Trennung des ersten Buchstaben vom restlichen Wort durch eine Verbindungslinie hilft zugleich, die Blickspanne der Leser/innen zu erweitern.

Aufgabe 2 führt Begriffe aus dem Zieltext ein. Durch den sukzessiven Aufbau der einzelnen Wörter wird das schrittweise Erlesen von längeren Wörtern ermöglicht. Zugleich handelt es sich dabei um eine weitere Übung zur Erweiterung der Blickspanne.

Aufgabe 3 schließt an die vorhergehende Aufgabe an. Anstelle einzelner Silben wird hier jedoch pro Zeile ein Wort hinzugefügt. Am Ende jedes „Lesebergs" sind die Leser/innen so in der Lage den ganzen Satz zu erlesen. Zusatzaufgabe 2 erfordert die Verbindung von Informationen aus dem Text mit verbreitetem Alltagswissen.

Aufgabe 4 greift den semantischen Aspekt auf. Durch „textbezogenes Interpretieren" (Artelt u.a. 2001, S. 89) gelingt es, richtige und falsche Aussagen zu erkennen. Bei

Aufgabe 5 sollen den kurzen Texten Informationen entnommen werden. Zusammen mit vorausgesetztem Alltagswissen können die jeweils passenden Wörter erschlossen und in ein Kreuzworträtsel eingetragen werden. Bei richtiger Zuordnung ergibt sich am Ende eine motivierende Bestätigung durch das Lösungswort. Auch

Aufgabe 6 erfordert das Ermitteln von Informationen aus einem Text. Zugleich wird damit das genaue Lesen geübt, eine wichtige Voraussetzung für sinnentnehmendes Lesen und textbezogenes Interpretieren. Eine Steigerung dieser Anforderungen findet sich in

Aufgabe 7. Hier sollen die Leser/innen die Fragmente einer Geschichte in eine richtige Reihenfolge bringen. Dazu ist es notwendig, den Hauptgedanken des Textes zu erkennen (vgl. Artelt u.a. 2001, S. 89).
Die Aufgaben zum Zieltext von

Aufgabe 8 erfordern zunächst, Einzelinformationen zu identifizieren. Dadurch wird es möglich, im Rahmen einer Multiple-Choice-Aufgabe vorgegebene Sätze als richtig oder falsch zu erkennen. Abschließend ist eine weitergehende Auseinandersetzung mit dem Text notwendig, die als „Reflektieren und Bewerten" verstanden wird.

Anschlusslektüre / Fachliteratur

Grissemann, Otmar: Die Wassertropfenreise. Esslingen: Esslinger Verlag 1989. Ein Kinderbuch mit zahlreichen bunten Bildern (ab 6).

Neubauer, Dieter: Wasser-Spiele. Reinbek: Rowohlt 2002. Ein Kinderbuch zu Experimenten mit dem nassen Element (ab 12).

Byatt, Andrew / Fothergill, Alastair / Holmes, Martha: Unser blauer Planet. Eine Naturgeschichte der Meere. München: VGS 2002. Ein Sachbuch mit zahlreichen farbigen Abbildungen.

Grundkurs 2: Aus der Welt der Tiere

Zieltext ist Aufgabe 8 auf S. 36.

Auch hier orientiert sich der Zieltext mit den Aufgabenstellungen an den Anforderungen der Kompetenzstufe I der PISA-Studie.

Aufgabe 1 schult die Worterkennung und sachlich richtige „Wort-Bild-Zuordnung". Gleichzeitig werden Begriffe des Zieltextes eingeführt.

Aufgabe 2 führt weitere Begriffe aus dem Zieltext ein. Lesetechnisch geht es hier um die Erweiterung der Blickspanne durch das silbenweise Aufbauen von Wörtern.

Aufgabe 3 erfordert das sichere Erkennen, Speichern und die Abrufbarkeit von Wortbildern. In Nr. 3 wird die Aufgabe durch eine stärker semantische Dimension erweitert, die auch in

Aufgabe 4 zum Tragen kommt. Es gilt durch das Erfassen von Wortbedeutungen jeweils ein inhaltlich nicht passendes Wort zu identifizieren.

Aufgabe 5 führt zu einer Auswahl von je zwei Briefmarkenbeschreibungen. Durch das Ermitteln entsprechender Informationen gelingt die richtige Zuordnung von Text und Abbildung.
Mit

Aufgabe 6 übt der Leser das textbezogene Interpretieren. Die für die Aufgabenstellung relevanten Informationen müssen erkannt, verstanden, interpretiert und in einer Antwort umgesetzt werden.

Aufgabe 7 nähert sich dem Zieltext an. Auch hier wird vom Leser das Ermitteln von Informationen und deren Interpretation gefordert.

Aufgabe 8 verbindet wesentliche Aspekte des Lesens: Ermitteln von Informationen, textbezogenes Interpretieren, das Einbringen von Alltagswissen sowie eine weiterführende Auseinandersetzung mit dem Text.

Anschlusslektüre / Fachliteratur

Dowswell, Paul: Die große Welt der Tiere. Bindlach: Loewe 2001. Artenvielfalt im Wasser, in der Luft und auf dem Land (ab 6).

Whitfield, Philip: Das große Tierlexikon. München: Ars-Edition 1999. Mit zahlreichen farbigen Abbildungen, (ab 10).

Motivation und Spaß mit PISA-Lesetraining

Die Bereitschaft zum Lesen, auch zum Lesen von Arbeitsheften, die der Förderung der Lesekompetenz dienen, ist wesentlich abhängig von der Movitation des Lesers. Diesem Aspekt sind in den Heften der Reihe PISA-Lesetraining neben den Illustrationen kleine optisch hervorgehobene Zusatzaufgaben verpflichtet. Zudem gibt es in jedem Heft eine mit der Abbildung des Wahrzeichens von Pisa verbundene Aufgabe – ein kleines Spiel mit der Freude des Wiedererkennens.

Mit den Übungskärtchen arbeiten

Ein wichtiges Element von PISA-Lesetraining sind die Karteikärtchen (in jedem Schülerheft und als Kopiervorlage im Internet: Passwort siehe Umschlagseite 2), die, anders als bei Trainingsheften zu anderen Unterrichtsbereichen, weniger der Implementierung von Sachwissen dienen (z.B. durch die Aneignung grammatischer Grundbegriffe), sondern dem Trainieren elementarer Teilprozesse des Lesens. Insbesondere werden das Identifizieren von Wörtern, das Erfassen größerer Texteinheiten durch strukturelles bzw. rhythmisches Lesen, die Erweiterung der Blickspanne, der effektive Blickverlauf durch (reduzierte) Y-Übungen, die Steigerung der Lesegeschwindigkeit und das sinnerfassende Lesen trainiert (Vanecek 1993).

Der dafür zur Verfügung stehende Platz pro Kärtchen setzt dabei natürlich enge Grenzen. Der Vorteil der Übungskärtchen liegt jedoch in ihrer unkomplizierten Handhabung, die Voraussetzung dafür ist, dass im Rahmen eines konkreten Trainingsprogrammes tatsächlich täglich einige Minuten mit den Kärtchen gearbeitet wird, um einen schnellen und optimalen Übungserfolg zu erzielen. Dabei ist es durchaus sinnvoll, die zu einem Arbeitsheft entwickelten Kärtchen durch solche zu anderen Arbeitsheften bzw. durch die sogenannten GRIPSpäckchen (siehe Umschlag) zu ergänzen bzw. zu variieren.

Zum Lesen motivieren

Rahmenbedingungen des Lesens

Insgesamt hat die PISA-Studie gezeigt, dass das „Niveau der Lesekompetenz deutscher Schülerinnen und Schüler [...] im internationalen Vergleich eher niedrig [ist,] und der Anteil von Schülerinnen und Schülern mit sehr schwacher Leseleistung ist vergleichsweise hoch" (Artelt u.a. 2001, S. 131). Konsequenzen, die daraus zu ziehen sind, werden sich zum einen auf die Verbesserung der „Textverarbeitungskompetenz" konzentrieren, haben sich doch z. B. eine „textrelevante Wissensbasis sowie [...] hohe Lesegeschwindigkeit und kognitive Grundfähigkeiten" (ebd.) als bedeutsam erwiesen. In diesem Bereich helfen die Hefte des PISA-Lesetrainings.

Zum anderen wird man den Rahmenbedingungen des Lesens (vgl. Knobloch 1998) und insbesondere der „Lesemotivation" mehr Aufmerksamkeit widmen müssen. Artelt u.a. (ebd. S. 133) betonen unter Verweis auf Hurrelmann (1994), dass man, um ein im Sinne der PISA-Studie guter Leser zu werden, eine anregende Leseumwelt sowie Lesevorbilder braucht, „die ihre Orientierung verbindlich und kompetent zu erkennen geben [...]. Hierzu gehört auch das Erleben, dass das Lesen belohnend ist und auch im sozialen Zusammenhang Sinn macht."

Die „Leseumgebung" des Aidan Chambers

Ein Modell, das diesen Vorstellungen entspricht, hat der vielfach ausgezeichnete britische Jugendbuchautor Aidan Chambers in seinem Büchlein „The Reading Environment" (1991) skizziert. Übersetzt man den Titel mit „Leseumgebung" so wird der Zusammenhang mit der „vorbereiteten Umgebung" (Montessori) als Grundlage vielfältiger Lernprozesse deutlich, auch wenn sich Chambers nicht explizit darauf bezieht.

Inszeniert wird die Leseumgebung von Erwachsenen, deren Ziel es ist, Kindern und Jugendlichen den Zugang zu unterschiedlichsten Formen der Literatur nicht nur zu erleichtern, sondern überhaupt erst zu ermöglichen

Ausgangspunkt ist ein „Lesekreis" (Reading Circle). Der Bogen führt von der *Lektüreauswahl* zum *Lesen* und schließlich zur *Reaktion* auf das Gelesene, was wiederum Ausgangspunkt für den erneuten Griff zur Lektüre und damit Beginn eines neuen Kreislaufs ist.

Da uns der Wunsch nach Lektüre nicht per Instinkt in die Wiege gelegt wird (Spitzer 2002, S. 243), muss das entsprechende Verhalten gelernt werden.

Dabei sind nach Chambers folgende Elemente besonders wichtig:

- ein vielfältiges Angebot an Büchern,
- die Bereitstellung von Leseräumen,
- Möglichkeiten zum Schmökern,
- feste Lesezeiten,
- Vorlesen,
- Geschichten erzählen,
- Kontinuität bei der Leseförderung,
- persönlicher Buchbesitz,
- die Begegung mit Autoren, Illustratoren, Buchhändlern usw.,
- der positive Einfluss von Freunden und Gleichaltrigen,
- Hilfen bei der Auswahl von Literatur,
- die Möglichkeit, unterschiedlich auf einen Text zu reagieren
- und schließlich der fördernde Erwachsene, der freilich einiger Qualifikation bedarf.

Wer die Lesekompetenz seiner Schülerinnen und Schüler verbessern will, wird das mit einer gelegentlichen „Lesestunde" sicher nicht erreichen.

Durch den Aufbau einer anregenden „Leseumgebung" werden jedoch wesentliche Voraussetzungen dafür geschaffen. Vorschläge, wie konkret eine Leseumgebung in Schule und/oder Elternhaus aussehen kann, würden den Rahmen dieser Veröffentlichung sprengen. Hier muss auf die angegebene Literatur verwiesen werden
(vgl. u.a. Gärtner 1997, Knobloch 2005).

Zeile **Aufgabe** ① **- G1** Lernkärtchen Nr. 21 – 29

Wörter suchen

In jedem Fisch sind mehrere Wörter versteckt.
Aber in jedem Fisch ist ein Wort sinnlos.
Streiche den Anfang des sinnlosen Wortes durch.

Beispiel:

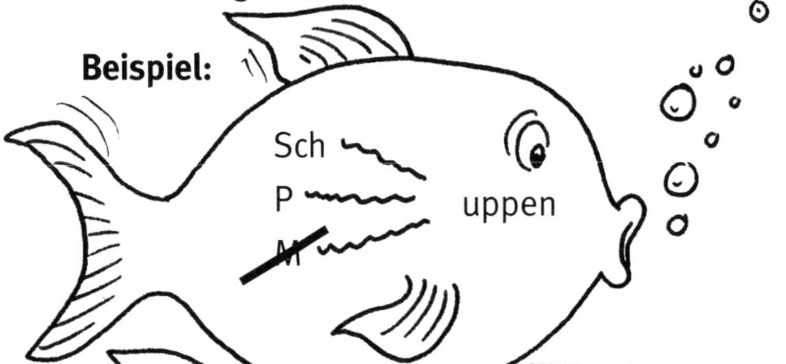

Das hier ist die Lösungsseite

Als Hilfe und zum Vergleichen.

So sollten deine Fische aussehen:

Wenn du alle richtigen Wörter gefunden hast, darfst du jetzt einen besonders schönen Fisch malen.

Zeile **Aufgabe** ② **- G1** Lernkärtchen Nr. 2 – 5

Wörter aufbauen

Suche die Karteikarte, auf der eine Hand abgebildet ist.
Decke damit die Wörter in Tropfen ❶ ab!
Dann darfst du die erste Zeile in diesem Tropfen aufdecken und lesen.
Rutsche nun mit der Karte nach unten,
bis du lesen kannst, was in der nächsten Zeile steht.
Schließlich kannst du das ganze Wort lesen.
Bei Tropfen ❷ bis ❻ geht es genau so!

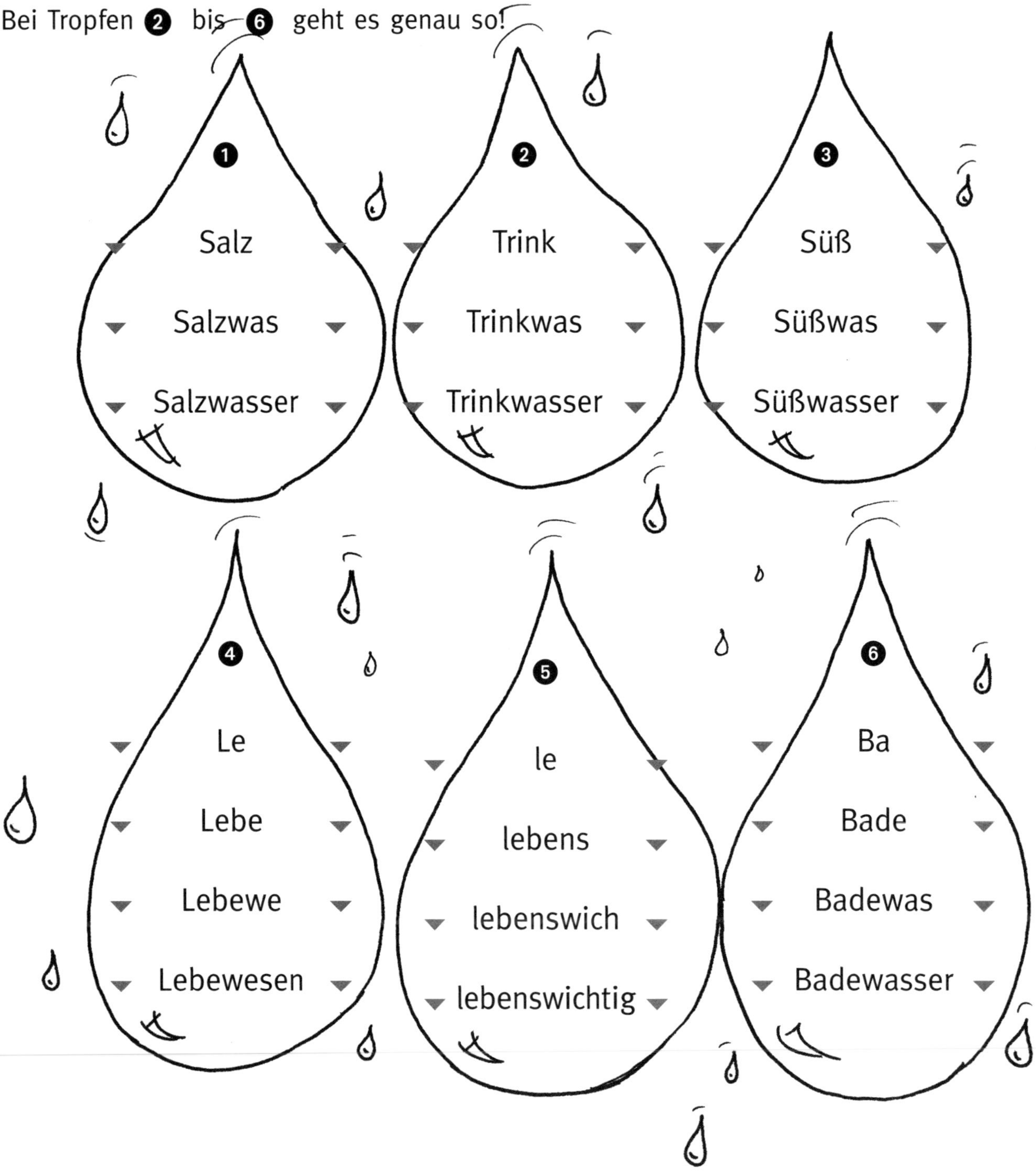

Lösungsseite

Als Hilfe und zum Vergleichen.

So hast du gelesen:

❶ Salz / Salz-was / Salz-was-ser *oder*
Salz / Salzwas / Salzwasser

❷ Trink / Trink-was / Trink-was-ser *oder*
Trink / Trinkwas / Trinkwasser

❸ Süß / Süß-was / Süß-was-ser *oder*
Süß / Süßwas / Süßwasser

❹ Le / Le-be / Le-be-we / Le-be-we-sen *oder*
Le / Lebe / Lebewe / Lebewesen

❺ le / le-bens / le-bens-wich-tig *oder*
le / lebens / lebenswich / lebenswichtig

❻ Ba / Ba-de / Ba-de-was / Ba-de-was-ser *oder*
Ba / Bade / Badewas / Badewasser

Jetzt ist es Zeit
für einen Schluck Süßwasser!

Zeile **Aufgabe ③ - G1** Lernkärtchen Nr. 6 – 10

❶ Berge bilden

In jedem Berg findest du einen Satz, den du lesen kannst. Decke zunächst mit einem Blatt Papier Berg ① zu. Schiebe dann das Blatt nach unten, bis du die erste Zeile lesen kannst. Decke dann Zeile für Zeile auf und lies. Bei den Bergen ② und ③ geht es genau so.

❷ Im zweiten Berg ist eine Aufgabe versteckt. Kannst du den Satz richtig ergänzen?

Wasser müssen sich viele Tiere (und ______________________

______________________) teilen.

Lösungsseite

Als Hilfe und zum Vergleichen.

So hast du gelesen:

❶ ① Die / Die Erde / Die Erde ist / Die Erde ist ein /
Die Erde ist ein Planet / Die Erde ist ein Planet im /
Die Erde ist ein Planet im Weltraum.

② Wasser / Wasser müssen sich / Wasser müssen sich viele /
Wasser müssen sich viele Tiere (und ...) /
Wasser müssen sich viele Tiere teilen.

③ Tiere, / Tiere, Pflanzen / Tiere, Pflanzen und Menschen /
Tiere, Pflanzen und Menschen leben /
Tiere, Pflanzen und Menschen leben auf der /
Tiere, Pflanzen und Menschen leben auf der Erde.

❷ **So hast du den Satz richtig ergänzt:**

Wasser müssen sich viele Tiere (und Pflanzen und Menschen) teilen.
Die zusätzlichen Informationen hast du in Berg ③ gefunden.

Hast du schon einige der folgenden Zeichen entdeckt?
Hier erfährst du, was diese Zeichen bedeuten:

Hier musst du lesen.

Hier kannst du schreiben oder malen.

Hier solltest du das Karteikärtchen mit der Hand zum Abdecken verwenden.

Hier wird ein Blatt benötigt.

Zeile **Aufgabe (4) - G1** Lernkärtchen Nr. 43 – 48

1 Zwei Eimer zu viel

Wasser braucht man für viele Dinge.
Kreuze an, für welche Tätigkeit du Wasser brauchst!
Zwei Eimer bleiben übrig, denn dafür braucht man kein Wasser.

2 Bei dieser Aufgabe kannst du dir helfen lassen:

Du steigst auf der Innentreppe
auf den schiefen Turm von Pisa.
Du hast einen Eimer dabei,
der bis an den Rand voll mit Wasser ist.
Natürlich bist du sehr vorsichtig,
damit kein Wasser überläuft.
Was passiert mit dem Wasser,
wenn du die Treppe hochgehst?
Was passiert, wenn du oben bist
und den Eimer abstellst?

Lösungsseite

Als Hilfe und zum Vergleichen.

❶ Für diese Tätigkeiten brauchst du Wasser:

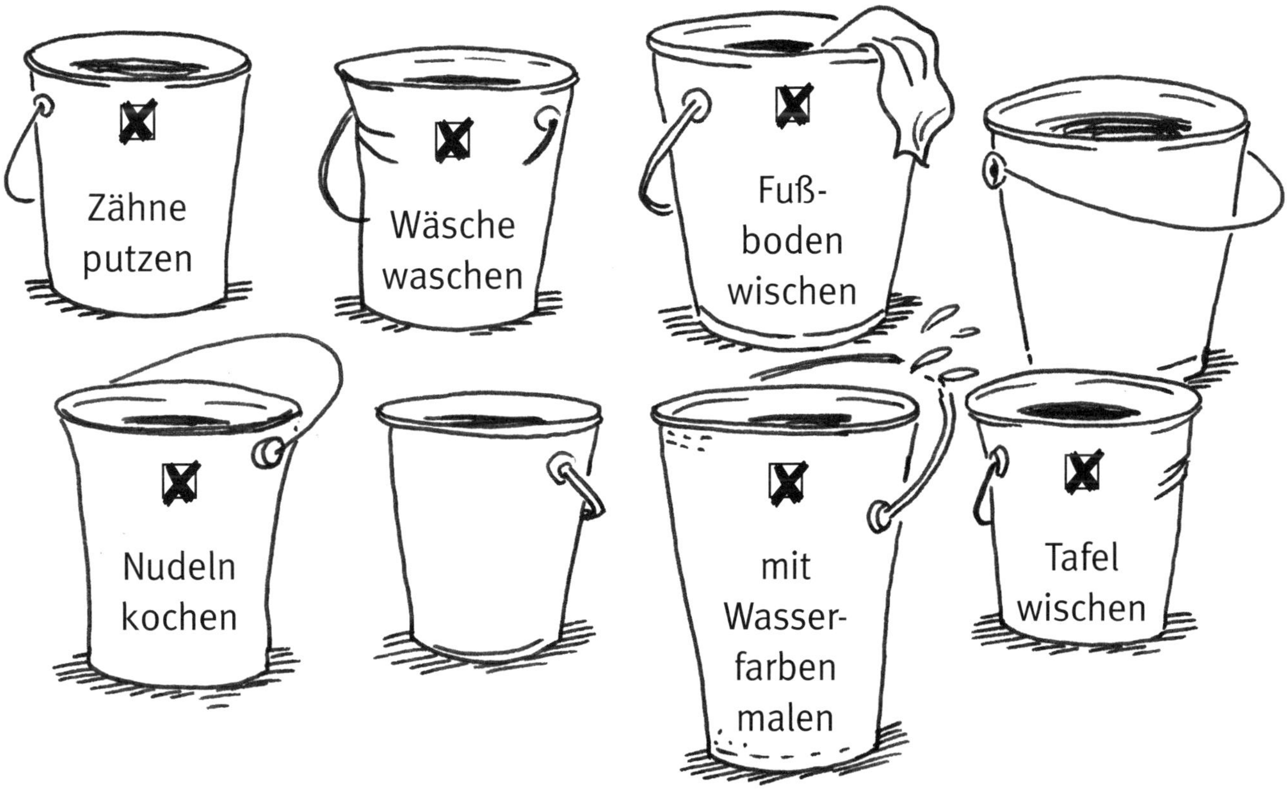

Dafür braucht man **kein Wasser:**

Film ansehen / Buch lesen

❷ Mit dem Wassereimer auf den schiefen Turm

Wenn du vorsichtig bist, wirst du auf der Treppe kein Wasser verlieren.

Wenn du den Eimer oben abstellst, wird Wasser auslaufen.

Auf der Treppe — oben

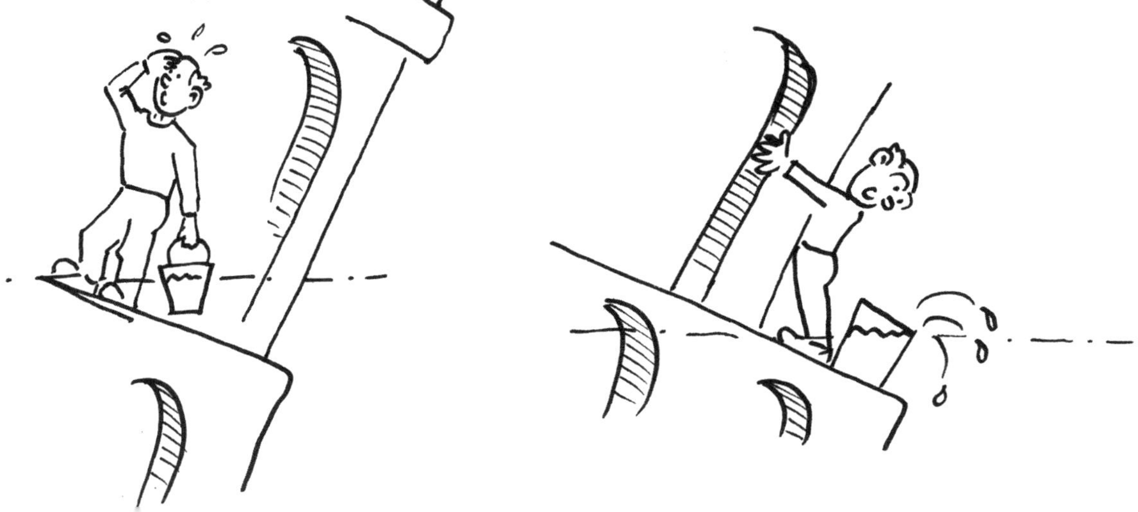

Zeile **Aufgabe ⑤ - G1** Lernkärtchen Nr. 49 – 51, 56 – 58

Kreuzworträtsel

Schreibe die gesuchten Wörter in Großbuchstaben auf. In den grauen Kästchen steckt das Lösungswort. Du musst es von oben nach unten lesen.

Die folgenden Wörter müssen an die richtige Stelle in das Rätsel eingesetzt werden:

① Regen fällt in dicken .... vom Himmel

② Gefrorenes Wasser

③ Eiskörner, die vom Himmel fallen

④ Dort leben die Wale und Delfine

⑤ Tier mit Schnabel, das am oder im Teich lebt

⑥ Tier, das Bäume mit seinen Zähnen fällt

⑦ Daraus regnet oder schneit es.

⑧ Er macht die Erde nass

⑨ Hier leben viele Frösche

⑩ Der Regen macht die Erde ...

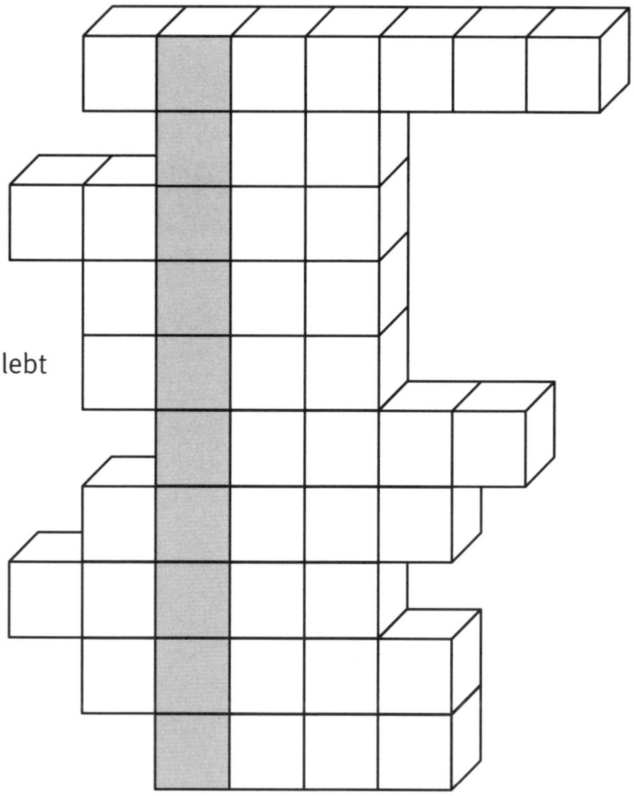

Lösungswort:

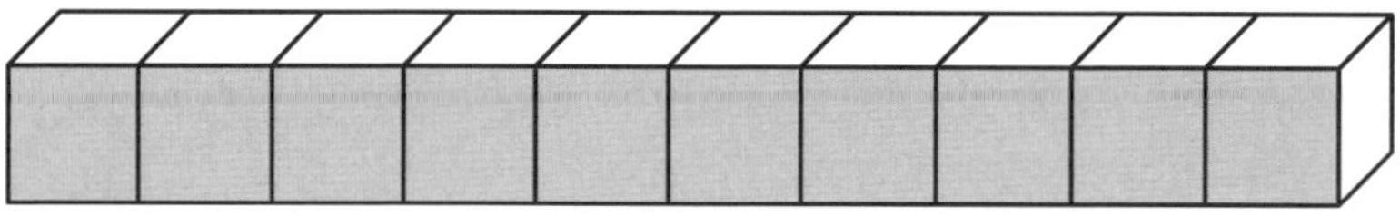

Lösungsseite

Als Hilfe und zum Vergleichen.

Diese Wörter musstest du einsetzen:

① Regen fällt in dicken .... vom Himmel

② Gefrorenes Wasser

③ Eiskörner, die vom Himmel fallen

④ Dort leben die Wale und Delfine

⑤ Tier mit Schnabel, das am oder im Teich lebt

⑥ Tier, das Bäume mit seinen Zähnen fällt

⑦ Daraus regnet oder schneit es.

⑧ Er macht die Erde nass

⑨ Hier leben viele Frösche

⑩ Der Regen macht die Erde ...

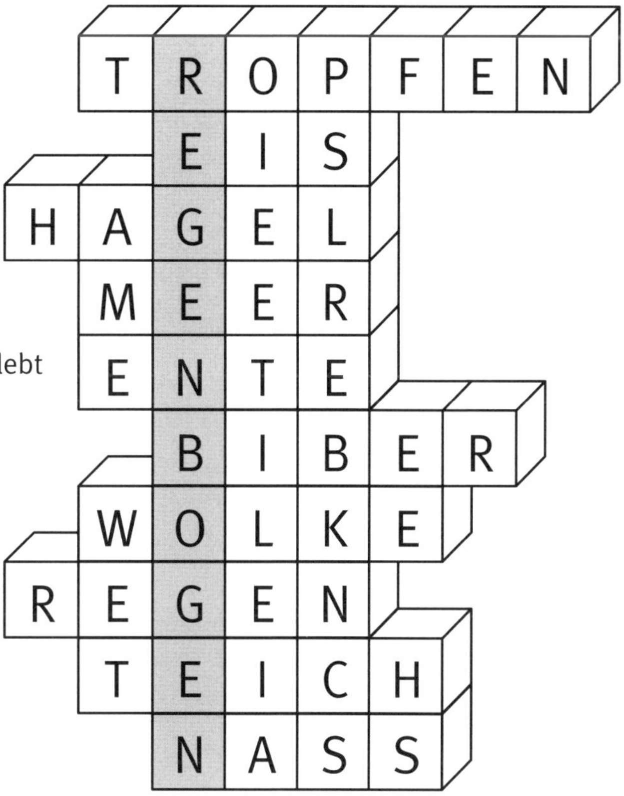

Lösungswort: R E G E N B O G E N

Jetzt darfst du einen Regenbogen malen.
Du brauchst dafür folgende Farben:

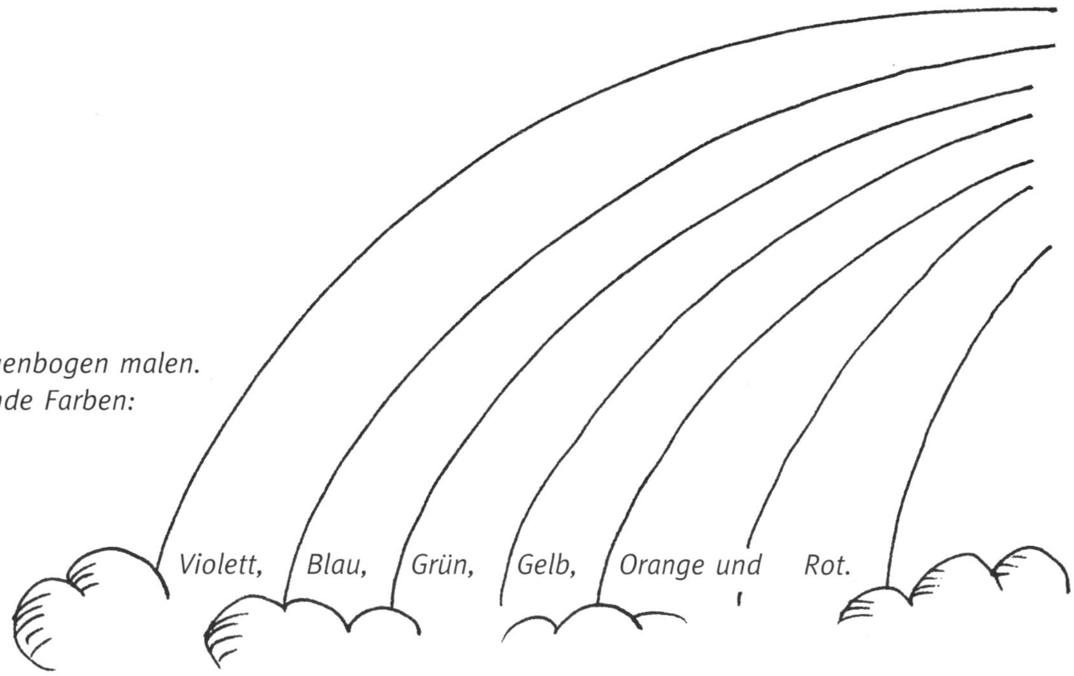

Zeile **Aufgabe 6 - G1** Lernkärtchen Nr. 49 – 51, 56 – 57

Fische im Wasser suchen

Eine Frau kauft in einer Zoohandlung zwei Fische. Sie beschreibt genau, welche Fische die Verkäuferin im Aquarium fangen soll. Markiere die Fische, die von der Frau gekauft werden.

Lösungsseite

Als Hilfe und zum Vergleichen.

Die Frau möchte die beiden markierten Fische kaufen.

Zeile **Aufgabe (7) - G1** Lernkärtchen Nr. 59 – 61

Eine Geschichte ordnen

Die Teile der folgenden Geschichte sind durcheinander geraten. Du kannst sie ordnen. Gib die richtige Reihenfolge durch die Zahlen 1, 2, 3 und 4 an. Schreibe die Zahlen in die Kreise.

Vom Meerwasser konnten sie nicht trinken. Es war salzig. Nach zwei Tagen wurden die Männer gefunden. Sie sagten: „Am meisten hat uns das Wasser gefehlt!" ◯

Zwei Forscher fuhren mit einem großen Schiff auf das Meer. Da kam ein starker Sturm auf. Das Schiff begann heftig zu schaukeln und ging unter. ◯

Die Sonne schien heiß vom Himmel. Die beiden hatten Durst. ◯

Die beiden Forscher sprangen in ihr Rettungsboot. Am nächsten Tag hatte sich der Sturm gelegt. ◯

Lösungsseite

Als Hilfe und zum Vergleichen.

So ist die Geschichte richtig geordnet:

Vom Meerwasser konnten sie nicht trinken.
Es war salzig.
Nach zwei Tagen
wurden die Männer gefunden. Sie sagten:
„Am meisten hat uns das Wasser gefehlt!“

4

Zwei Forscher fuhren
mit einem großen Schiff auf das Meer.
Da kam ein starker Sturm auf.
Das Schiff begann heftig zu schaukeln
und ging unter.

1

Die Sonne schien
heiß vom Himmel.
Die beiden hatten Durst.

3

Die beiden Forscher sprangen
in ihr Rettungsboot. Am nächsten
Tag hatte sich der Sturm gelegt.

2

Hier kannst du die Geschichte noch einmal im Zusammenhang lesen:

Zwei Forscher fuhren mit einem großen Schiff auf das Meer. Da kam ein starker Sturm auf. Das Schiff begann heftig zu schaukeln und ging unter. Die beiden Forscher sprangen in ihr Rettungsboot. Am nächsten Tag hatte sich der Sturm gelegt. Die Sonne schien heiß vom Himmel. Die beiden hatten Durst. Vom Meerwasser konnten sie nicht trinken. Es war salzig. Nach zwei Tagen wurden die Männer gefunden. Sie sagten: „Am meisten hat uns das Wasser gefehlt!“

Zeile **Aufgabe ⑧ - G1** Lernkärtchen Nr. 43 – 58

Der blaue Planet

Unsere Welt ist bunt. Vom Weltraum aus sieht die Erde jedoch blau aus. Das kommt vom vielen Wasser. Wasser bedeckt einen großen Teil der Erde.

In den Meeren befindet sich Salzwasser. In Flüssen, Seen und Bächen finden wir Süßwasser.

Insgesamt gibt es auf der Erde fast 100-mal so viel Salzwasser wie Süßwasser:

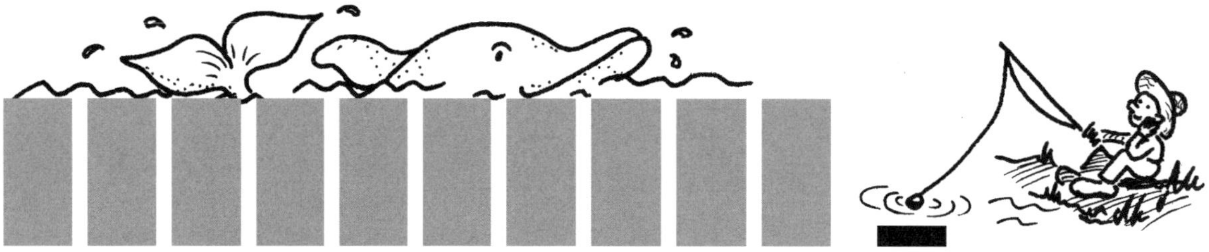

= Salzwasser in den Meeren   *= Süßwasser in Flüssen, Bächen und Seen*

Diese kleine Menge Süßwasser muss für sehr viele Lebewesen ausreichen. Die meisten Pflanzen und Tiere und natürlich die Menschen brauchen nämlich Süßwasser zum Leben. Ein Mensch kann ein paar Wochen ohne Essen auskommen. Wer aber länger als drei Tage kein Trinkwasser zu sich nimmt, muss sterben. Wasser ist also lebenswichtig. Es kann durch nichts anderes ersetzt werden. Wir müssen sehr sorgsam mit dem Wasser umgehen. Nur so bleibt das bunte Leben auf unserem blauen Planeten wirklich lebenswert.

1 Schreibe auf, wie die Erde auch noch genannt wird!
Die Erde wird noch ______________________________ genannt.

2 Wo findest du Süßwasser?
Unterstreiche die entsprechenden Stellen im Text!

3 Zwei Sätze sind richtig. Kreuze die richtigen Sätze an!
- ☐ Trinkwasser braucht der Mensch einmal in der Woche.
- ☐ Wenn ein Mensch länger als drei Tage nichts zu trinken hat, muss er sterben.
- ☐ Menschen können ein paar Wochen ohne Essen überleben.

4 Was würde passieren, wenn es kein Trinkwasser mehr auf der Erde gäbe?
Schreibe dazu einen oder zwei Sätze auf ein Blatt.

Lösungsseite

Als Hilfe und zum Vergleichen.

Hier findest du die Lösungen:

❶ Das solltest du aufschreiben:

Die Erde wird auch **„Der blaue Planet“** genannt.

Den Hinweis findest du in Zeile 1 und 13.

❷ Diese Wörter solltest du im Text unterstreichen:

Süßwasser findest du **in Flüssen, Seen und Bächen.**

Die Textstelle findest du in Zeile 4.

❸ So hast du richtig angekreuzt:

☒ Wenn ein Mensch länger als drei Tage nichts zu trinken hat, muss er sterben.

☒ Menschen können für ein paar Wochen ohne Essen überleben.

❹ Das könntest du geschrieben haben:

Wenn es kein Trinkwasser mehr auf der Welt gibt,
dann sterben alle Pflanzen, Tiere und Menschen.
Dann gibt es kein Leben mehr auf der Erde.

! *Ein Schüler der ersten Klasse meint,*
wenn es kein Trinkwasser mehr gäbe,
dann könnte man ja Milch trinken oder Cola.

Was sagst du dazu?

Überlege zusammen mit deiner Freundin
oder deinem Freund.

Aufgabe (1) - G2 Lernkärtchen Nr. 2 – 4

Kreuze an, was du auf dem Bild siehst.

☐ Zug
☐ Zeit
☒ Zebra

☐ Möwe
☐ Laus
☐ Löwe

☐ Nashor
☐ Nabel
☐ Narbe

☐ Elefant
☐ Elfe
☐ Eber

☐ Krokus
☐ Krone
☐ Krokodil

☐ Ameise
☐ Antilop
☐ Affe

☐ Giraffe
☐ Gans
☐ Gabel

☐ Puppe
☐ Pinsel
☐ Papagei

Das hier ist die Lösungsseite

Als Hilfe und zum Vergleichen.

So sollte dein Blatt aussehen:

- [ ] Zug
- [ ] Zeit
- [x] **Zebra**

- [ ] Möwe
- [ ] Laus
- [x] **Löwe**

- [x] **Nashorn**
- [ ] Nabel
- [ ] Narbe

- [x] **Elefant**
- [ ] Elfe
- [ ] Eber

- [ ] Krokus
- [ ] Krone
- [x] **Krokodil**

- [x] **Giraffe**
- [ ] Gans
- [ ] Gabel

- [ ] Puppe
- [ ] Pinsel
- [x] **Papagei**

- [ ] Ameise
- [x] **Antilope**
- [x] **Affe**

Aufgabe ② - G2 Lernkärtchen Nr. 8 – 10, 29 – 31

Wörter aufbauen

Suche die Karteikarte, auf der eine Hand abgebildet ist.
Decke damit Kasten ❶ zu.
Dann darfst du die erste Zeile aufdecken und lesen.
Rutsche nun mit der Karte nach unten, bis du lesen kannst, was in der nächsten Zeile steht.
Bei Kasten ❷ bis ❻ geht das genau so!

❶
- An
- Anti
- Antilo
- Antilopen

❷
- be
- beschüt
- beschützen

❸
- E
- Ele
- Elefan
- Elefanten

❹
- ent
- entkom
- entkommen

❺
- ver
- verhun
- verhungern

❻
- Tier
- Tierwär
- Tierwärter

Lösungsseite

Als Hilfe und zum Vergleichen.

So hast du gelesen:

1. An / An–ti / An–ti–lo / An–ti–lo–pe oder
   An / Anti / Antilo / Antilope

2. be / be–schüt / be–schüt–zen oder
   be / beschüt / beschützen

3. E / E–le / E–le–fan / E–le–fan–ten oder
   E / Ele / Elefan / Elefanten

4. ent / ent–kom / ent–kom–men oder
   ent / entkom / entkommen

5. ver / ver–hun / ver–hun–gern oder
   ver / verhun / verhungern

6. Tier / Tier–wär / Tier–wär–ter oder
   Tier / Tierwär / Tierwärter

!

Hast du schon einige der folgenden Zeichen entdeckt?
Hier erfährst du, was diese Zeichen bedeuten:

Hier musst du lesen.

Hier kannst du schreiben oder malen.

Hier solltest du das Karteikärtchen mit der Hand zum Abdecken verwenden.

Hier wird ein Blatt benötigt.

Aufgabe ③ **- G2** Lernkärtchen Nr. 16 – 20

❶ Wörter merken

Lies die Wörter durch und merke sie dir.
Decke die Wörter nun mit einem Blatt Papier ab!

❷ Silben verbinden

Immer zwei Bretter gehören zusammen. Verbinde sie mit einem Strich!

❸ Wörter merken

Du hast dir die Wörter aus Aufgabe ❶ gemerkt.
An welche kannst du dich genau erinnern?
Kreuze an, decke dabei die Wörter oben nicht auf!

1 ☐ Butter ☐ Kind

2 ☐ Futter ☐ Wasser

3 ☐ kräftig ☐ Vater

4 ☐ Mensch ☐ schwach

Lösungsseite

Als Hilfe und zum Vergleichen.

❷ Diese Silben hast du richtig verbunden:
Vergleiche genau mit deinen Linien

1
2
3
4

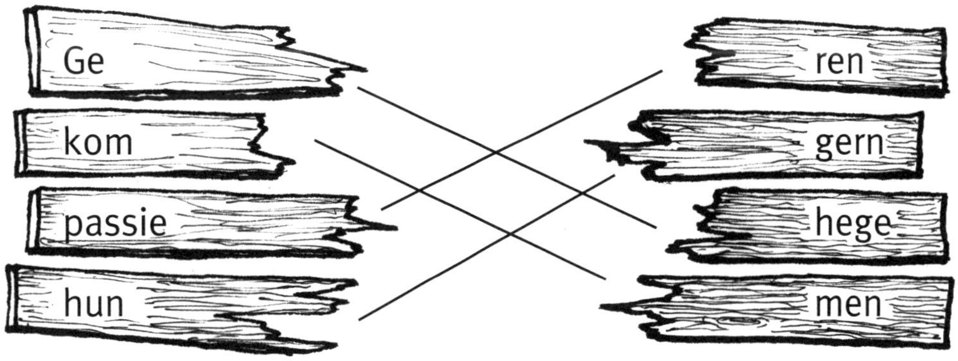

Es ergeben sich also die folgenden Wörter:
Gehege / kommen / passieren / hungern

❸ Konntest du dich an alle fünf Wörter erinnern?
Dann müssten die folgenden Wörter angekreuzt ✘ sein:

1	☐ Butter	☐ Kind
2	☒ Futter	☒ Wasser
3	☒ kräftig	☒ Vater
4	☒ Mensch	☐ schwach

!
Hast du dich an alle fünf Wörter erinnert?
*Dann überlege, was dir zum Wort **Futter** einfällt.*
Vielleicht kannst du eine deiner Ideen
mit einer kleinen Pause verbinden ...

Zeile **Aufgabe ④ - G2** Lernkärtchen Nr. 11 – 15, 32 – 33

❶ Ein Wort passt nicht

Streiche in jeder Zeile das Wort durch,
das nicht zu den anderen passt.

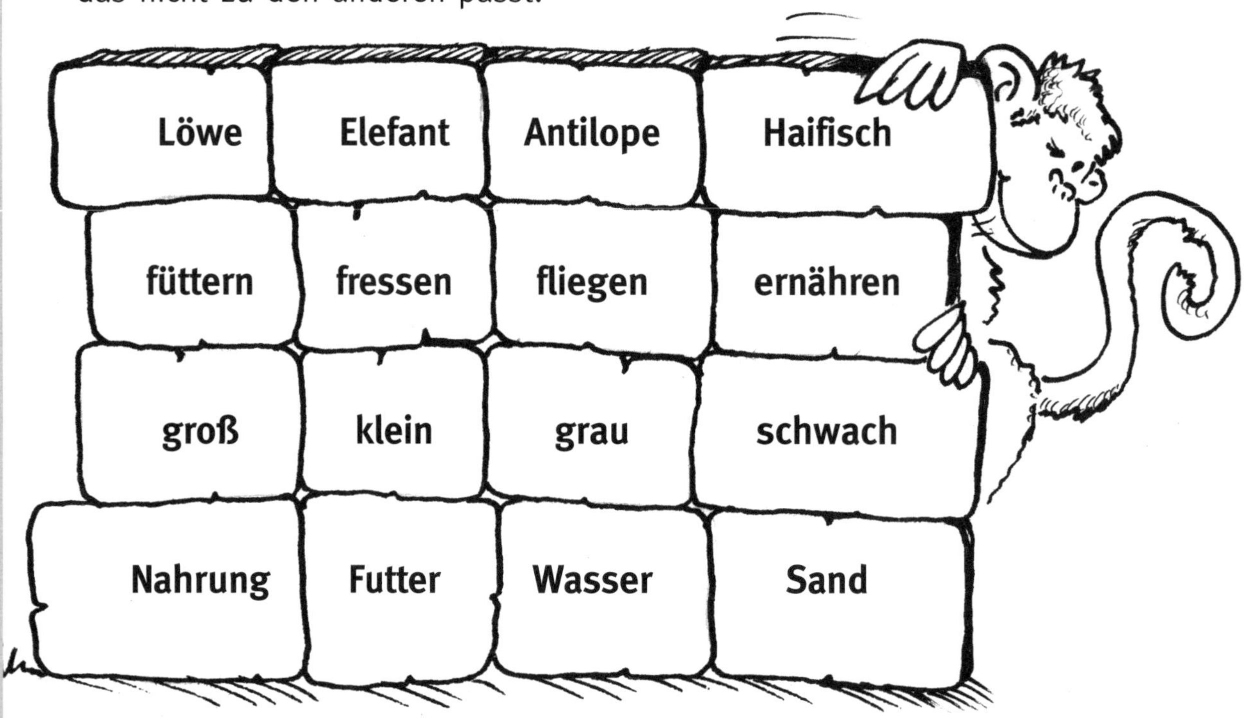

❷ Wörter suchen

In dieser Schlange haben sich vier Wörter versteckt, die du oben gelesen hast.
Markiere sie mit Farbe!

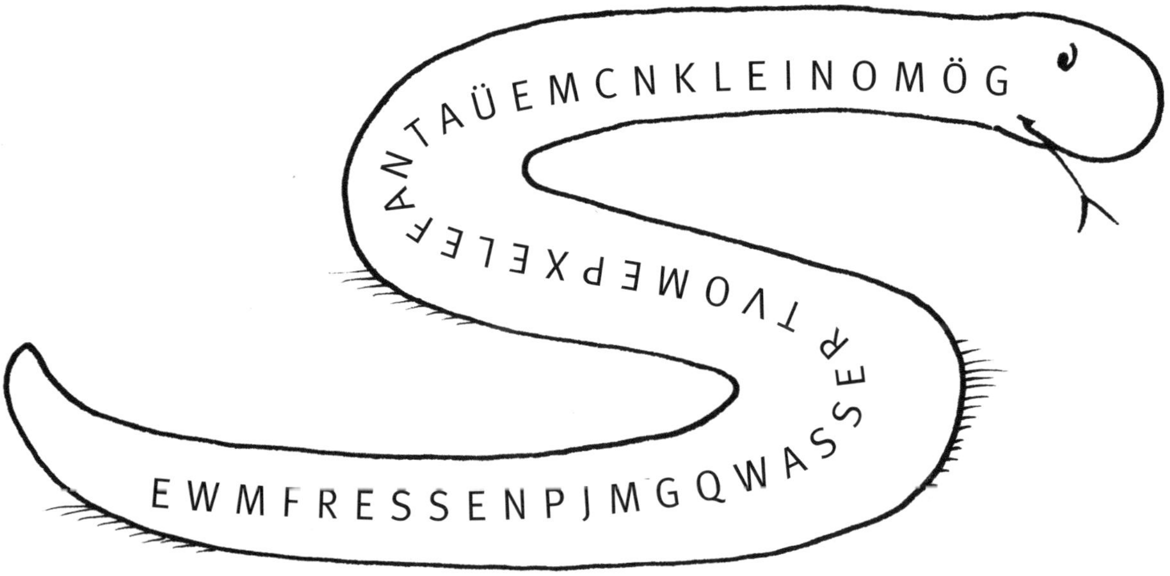

Lösungsseite

Als Hilfe und zum Vergleichen.

❶ **Die durchgestrichenen Wörter passen nicht:**
Vergleiche genau mit den Wörtern, die du durchgestrichen hast.

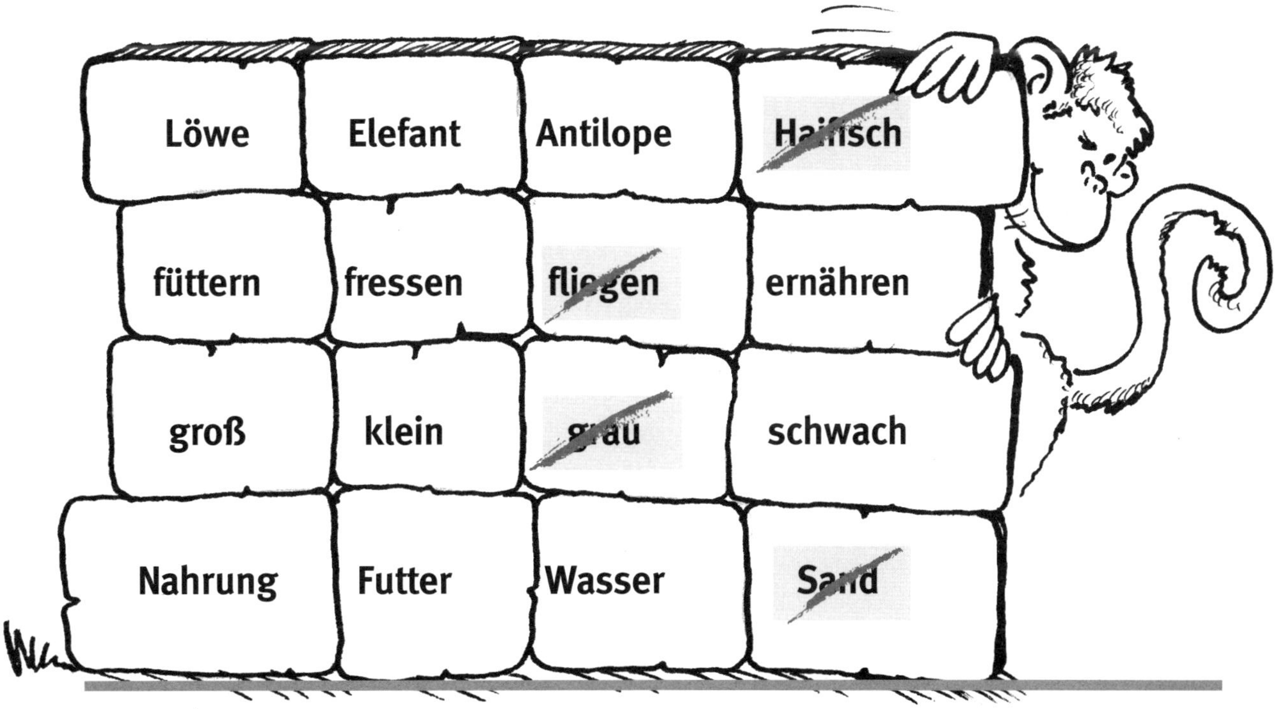

❷ **Wörter suchen**
Hast du in der Schlange alle Wörter gefunden?
Hier ist die richtige Lösung:

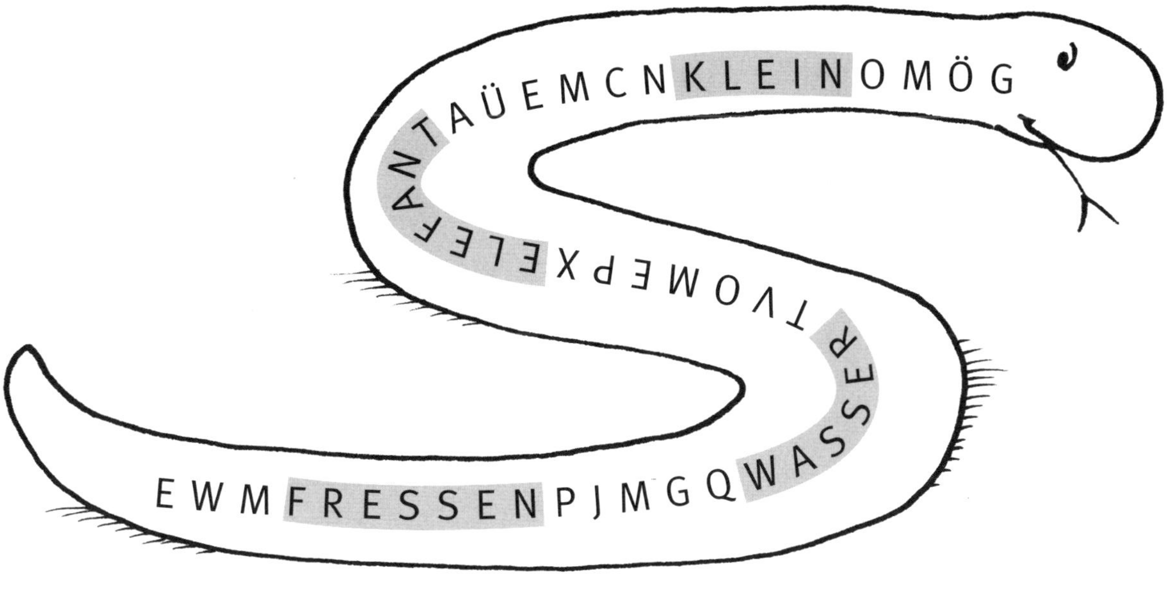

Zeile **Aufgabe 5 - G2** Lernkärtchen Nr. 42 – 44, 58 – 59

Welche Beschreibung passt zu den Briefmarken?

Kreuze die passenden Texte an

☐ Die Gazelle gehört zu den Antilopen.
Ihre Beine sind lang und schlank.
Sie trägt auf dem Kopf zwei gebogene Hörner.
Das Fell dieser Antilopenart ist glatt.
Es hat an Rücken und Bauch kein Muster.
Wie alle Antilopen ernährt sich auch die
Gazelle von Pflanzen.

☐ Die Antilope hat zwei Hörner.
Die Hörner stehen gerade nach oben.
Die Antilope trägt ein Fell mit kurzen Haaren.
An Bauch und Rücken hat das Fell ein Muster.
Die Antilopenohren sind klein und spitz.

☐ Das Nashorn ist groß.
Es hat vier dicke Beine.
Auf der Nase trägt es ein großes
und ein kleines Horn.
Die Hörner sind leicht gebogen.
Die Augen des Nashorns sind klein und rund.
Seine Ohren stehen seitlich vom Kopf ab.

☐ Das Nashorn ist groß.
Es hat vier dicke Beine.
Die Augen des Nashorns sind klein und rund.
Auf der Nase trägt es ein gerades Horn
Seine Ohren liegen eng am Kopf an.

Lösungsseite

Als Hilfe und zum Vergleichen.

Die angekreuzten ✗ Beschreibungen passen zu den Briefmarken:

[X] Die Gazelle gehört zu den Antilopen. Ihre Beine sind lang und schlank. Sie trägt auf dem Kopf zwei gebogene Hörner. Das Fell dieser Antilopenart ist glatt. Es hat an Rücken und Bauch kein Muster. Wie alle Antilopen ernährt sich auch die Gazelle von Pflanzen.

Dieser Text passt zu der nebenstehenden Briefmarke. Merkmale, die auf der Briefmarke erkennbar sind, wurden hervorgehoben.

[ ] Die Antilope hat zwei Hörner. Die Hörner stehen gerade nach oben. Die Antilope trägt ein Fell mit kurzen Haaren. An Bauch und Rücken hat das Fell ein Muster. Die Antilopenohren sind klein und spitz.

Dieser Text passt nicht, denn die Hörner der abgebildeten Antilope auf der Briefmarke sind gebogen. Sie stehen nicht gerade nach oben. Das Fell hat auch kein Muster. Die Ohren sind eher groß als klein.

[X] Das Nashorn ist groß. Es hat vier dicke Beine. Auf der Nase trägt es ein großes und ein kleines Horn. Die Hörner sind leicht gebogen. Die Augen des Nashorns sind klein und rund. Seine Ohren stehen seitlich vom Kopf ab.

Dieser Text passt zu dem Nashorn auf der Briefmarke. Merkmale, die auf der Briefmarke erkennbar sind, wurden hervorgehoben.

[ ] Das Nashorn ist groß. Es hat vier dicke Beine. Die Augen des Nashorns sind klein und rund. Auf der Nase trägt es ein gerades Horn. Seine Ohren liegen eng am Kopf an.

Dieser Text passt nicht, denn das Nashorn auf der Briefmarke hat kein gerades Horn, sondern zwei leicht gebogene. Die Ohren liegen nicht eng am Kopf an, sondern stehen seitlich vom Kopf ab.

Zur Briefmarke mit dem Turm von Pisa gibt es gar keinen Text.

Zeile **Aufgabe 6 - G2** Lernkärtchen Nr. 23 – 26

Zeitungsmeldung

1 Finde heraus, wie der Affe aus dem Gehege gekommen ist!

Eine Stelle im Text ist für dieses Problem besonders wichtig.
Markiere diese Textstelle mit einem Stift.

LOKALES

Keine Hormone

Foto: st

Affe verschwunden!

Aus dem Zoo ist gestern ein Affe verschwunden. Am Morgen öffnete die Tierwärterin die Tür zum Gehege. Ein Affe lief ihr freudig entgegen. Die Wärterin kraulte ihn. Dann beugte sie sich zum Futter. Sie gab allen Affen Bananen. Doch plötzlich war ein Affe weg. Wie konnte er entkommen?

Viele Angebote zu kleinen Preisen

2 Welchen Fehler hat die Tierpflegerin gemacht?

Schreibe auf, wie der Affe vermutlich entkommen konnte!

Lösungsseite

Als Hilfe und zum Vergleichen.

❶ So ist der Affe aus dem Gehege gekommen:

LOKALES

Keine
rmone

Affe verschwunden!

Aus dem Zoo ist gestern ein Affe verschwunden. Am Morgen öffnete die Tierwärterin die Tür zum Gehege. Ein Affe lief ihr freudig entgegen. Die Wärterin kraulte ihn. Dann beugte sie sich zum Futter. Sie gab allen Affen Bananen. Doch plötzlich war ein Affe weg. Wie konnte er entkommen?

Foto: st

iele Angebote zu kleinen Preisen

Die entscheidende Textstelle ist weiß markiert.

❷ Diesen Fehler hat die Tierpflegerin gemacht:

Die Tierpflegerin hat vermutlich die Tür des Geheges nicht hinter sich geschlossen. Der Affe konnte so entwischen.

Was denkt der Affe wohl nach seinem Streich?

Vielleicht fragt er dich auch nur, in welchem Ort es den nächsten Zoo gibt.

Schreibe deine Kurzantwort hier auf:

___

Zeile **Aufgabe (7) - G2** Lernkärtchen Nr. 43 – 48, 50 – 52

❶ Nur einer der beiden Sätze ist sinnvoll.
Kreuze ✗ jeweils den sinnvollen Satz an.

☐ Die Löwin frisst grüne Bäume und weißen Sand.
☐ Die Löwin frisst viel frisches Fleisch.

☐ Ein Elefant ist ein großes, graues Tier mit einem langen Rüssel.
☐ Ein Elefant hat einen grünen Rüssel und fünf Beine.

☐ Antilopen sitzen auf hohen Dächern und singen.
☐ Antilopen leben in einem weit entfernten Land.

☐ In Afrika scheint die Sonne immer sehr heiß.
☐ Die Sonne ist in Afrika nie zu sehen.

☐ Löwen, Nashörner und Antilopen leben in Europa im Zoo.
☐ Löwen, Nashörner und Antilopen leben in Europa frei im Wald.

❷ In jedem angekreuzten Satz gibt es ein unterstrichenes Wort.
Schreibe diese Wörter auf:

____________ ____________ ____________

____________ ____________

❸ Setze diese Wörter richtig in den folgenden Lückentext ein!

Im ____________ ist ein ungewöhnliches ____________ zu sehen.
Es lebt in einem großen Gehege. Sein Fell ist hell.
Es hat schwarze Tupfen und glänzt in der ____________.
Das Tier hat gefährliche Zähne.
Es frisst gerne ____________.
Eigentlich ____________ diese Tiere in Afrika.

❹ Weißt du, welches Tier gemeint ist?

Lösungsseite

Als Hilfe und zum Vergleichen.

❶ Die sinnvollen Sätze sind angekreuzt:

1 ☐ Die Löwin frisst grüne Bäume und weißen Sand.
2 ☒ Die Löwin frisst viel frisches Fleisch.

3 ☒ Ein Elefant ist ein großes, graues Tier mit einem langen Rüssel.
4 ☐ Ein Elefant hat einen grünen Rüssel und fünf Beine.

5 ☐ Antilopen sitzen auf hohen Dächern und singen.
6 ☒ Antilopen leben in einem weit entfernten Land.

7 ☒ In Afrika scheint die Sonne immer sehr heiß.
8 ☐ Die Sonne ist in Afrika nie zu sehen.

9 ☒ Löwen, Nashörner und Antilopen leben in Europa im Zoo.
10 ☐ Löwen, Nashörner und Antilopen leben in Europa frei im Wald.

❷ Diese unterstrichenen Wörter hast du aufgeschrieben. Sie finden sich in den sinnvollen Sätzen:

Fleisch / Tier / leben / Sonne / Zoo

❸ Und so sieht der Lückentext aus, wenn du diese Wörter richtig eingesetzt hast.

Im **Zoo** ist ein ungewöhnliches **Tier** zu sehen. Es lebt in einem großen Gehege. Sein Fell ist hell. Es hat schwarze Tupfen und glänzt in der **Sonne.** Das Tier hat gefährliche Zähne. Es frisst gerne **Fleisch.** Eigentlich **leben** diese Tiere in Afrika.

❹ Dieses Tier ist natürlich ein Leopard.

Aufgabe (8) - G2 Lernkärtchen Nr. 58 – 63

Eine ungewöhnliche Tierliebe

Kenia ist ein Land in Afrika. Hier leben viele Tiere: Löwen, Antilopen, Zebras, Nashörner und Elefanten. Die größten Feinde der Antilopen sind die Löwen. Sie jagen Antilopen und fressen sie auf. Eines Tages passierte etwas Ungewöhnliches: Eine Löwin sah eine kleine Antilope. Doch sie tötete die kleine Antilope nicht. Sie beschützte sie vor den anderen Löwen. Mit viel Liebe sorgte die Löwin für das Antilopenkind. Sie war wie eine Mutter zu der Antilope. Leider konnte die Löwin die Antilope nicht füttern. Löwen fressen nämlich Fleisch. Antilopen ernähren sich nur von Pflanzen. Das Antilopenkind wäre deshalb fast verhungert. Die schwache Antilope wurde rechtzeitig von Menschen entdeckt. Sie nahmen das Tier mit und brachten es in ein Gehege. Dort gaben sie der Antilope Futter. Wenn sie groß und kräftig ist, wird sie wieder frei gelassen. Ob sich die Antilope und die Löwin dann noch mögen?

❶ **Unterstreiche im Text alle Tiere, die in Afrika leben!**
Einige Wörter kommen mehrfach vor.

❷ **Setze hier ein sinnvolles Wort aus der Geschichte ein:**
Antilopen ernähren sich von ______________________.

❸ **Kreuze an, wie sich die Löwin gegenüber der Antilope verhält!**

- ☐ Die Löwin sieht die Antilope und beachtet sie nicht.
- ☐ Die Antilope wird von der Löwin entdeckt und gefressen.
- ☐ Die Löwin beschützt die kleine Antilope vor den anderen Löwen.

❹ **Das Verhalten der Löwin war ungewöhnlich.**
Welches Verhalten hättest du von der Löwin eigentlich erwartet?

____

____

____

____

Lösungsseite

Als Hilfe und zum Vergleichen.

So ist es richtig:

❶ Die unterstrichenen Tiere leben in Afrika

Kenia ist ein Land in Afrika. Hier leben viele Tiere: Löwen, Antilopen, Zebras, Nashörner und Elefanten. Die größten Feinde der Antilopen sind die Löwen. Sie jagen Antilopen und fressen sie auf.

Eines Tages passierte etwas Ungewöhnliches: Eine Löwin sah eine kleine Antilope. Doch sie tötete die kleine Antilope nicht. Sie beschützte sie vor den anderen Löwen. Mit viel Liebe sorgte die Löwin für das Antilopenkind. Sie war wie eine Mutter zu der Antilope.

Leider konnte die Löwin die Antilope nicht füttern. Löwen fressen nämlich Fleisch. Antilopen ernähren sich nur von Pflanzen. Das Antilopenkind wäre deshalb fast verhungert. Die schwache Antilope wurde rechtzeitig von Menschen entdeckt. Sie nahmen das Tier mit und brachten es in ein Gehege. Dort gaben sie der Antilope Futter.

Wenn sie groß und kräftig ist, wird sie wieder frei gelassen. Ob sich die Antilope und die Löwin dann noch mögen?

❷ Antilopen ernähren sich von Pflanzen. (Siehe Zeile 10)

❸ So hast du richtig angekreuzt:

☒ Die Löwin beschützt die kleine Antilope vor den anderen Löwen. (Zeile 6)

❹ Welches Verhalten hättest du von der Löwin eigentlich erwartet?

Eine mögliche Antwort:

Löwen sind Feinde der Antilopen (Zeile 3). Ich hätte erwartet, dass die Löwin die Antilope tötet und dann auffrisst (Zeile 4).

Allgemeine Hinweise zu Orientierungshilfen und Zusatzaufgaben

(Die Orientierungshilfen und Zusatzaufgaben finden Sie auf den ➔ Seiten 42–47)

Für PISA-Lesetraining liegen aktuell sechs Hefte mit unterschiedlichem Anforderungsniveau vor (die Aufgaben sind ebenfalls im vorliegenden Lehrerband enthalten). Damit wird eine differenzierte Förderung der Schülerinnen und Schüler einer Klasse bzw. erwachsener Leser mit geringer Lesekompetenz möglich. Die Materialien können aber auch einfach nur als Übungs- und Zusatzaufgaben im Unterricht verwendet werden.

Als Orientierungshilfen für eine begründete Einstufung, die nicht zuletzt dem in der PISA-Studie festgestellten Phänomen Rechnung trägt, dass „die meisten der schwachen Leserinnen und Leser von Lehrkräften unerkannt bleiben“ (Artelt u.a. 2001, S. 119), werden nachfolgend insgesamt drei Texte mit Aufgaben und einem Bewertungsschlüssel angeboten. Dieses Material wurde nach einer Erprobungsphase (52 Schüler/ innen der Jahrgangsstufen 2 bis 6) in 10 Klassen von Regelschulen mit insgesamt 226 Schülerinnen und Schülern eingesetzt und vor allem hinsichtlich Verständlichkeit und Schwierigkeitsgrad überprüft und entsprechend überarbeitet. Dennoch dürfen diese Zusatzaufgaben nicht als genormte Lesetests im schulpsychologischen Sinne missverstanden oder zur Analyse von Leseschwächen oder -störungen verwendet werden.

Die Aufgaben sind so konzipiert, dass sie sowohl einzeln mit Gruppen oder in Schulklasse eingesetzt werden können. Um den damit verbundenen Zeitaufwand gering zu halten, wurden überwiegend Multiple Choice-Aufgaben verwendet, außerdem gibt es bewusst eine Begrenzung der Aufgaben, wobei pro Text maximal 10 Punkte erreicht werden können. Nach den vorliegenden Erfahrungen ist für Lesen und Aufgabenbearbeitung von folgender Bearbeitungszeit auszugehen:

Durchschnittliche Bearbeitungszeit

Grundstufe (vgl. S. 42 - 43)	15 Minuten
Mittelstufe (vgl. S. 44 - 45)	10 Minuten
Aufbaustufe (vgl. S. 46 - 47)	10 Minuten

Zum Einsatz der Orientierungshilfen

Um vergleichbare Arbeitsergebnisse zu bekommen, sollten die folgenden Hinweise berücksichtigt werden:

1. Austeilen von Text- und Aufgabenblatt, die verdeckt vorgelegt werden.
2. Vorbereitung des Schreibmaterials (Bleistift, Radiergummi); evtl. Sichtschutz zum Nachbarn (bei Gruppendurchführung)
3. Arbeitsanweisung (s.u.).
4. Keine Hilfestellungen vor oder während der Arbeit mit den Orientierungshilfen geben.
5. Für die Bearbeitung steht ein einheitlicher Zeitrahmen von durchschnittlicher Bearbeitungszeit (vgl. Tabelle oben) + 5 Minuten zur Verfügung.
6. Während der Durchführung sollten die Kinder vor Störungen von außen geschützt sein.
7. Die Zeit zwischen dem gemeinsamen Beginn der Arbeit und Abgabe des Aufgabenblattes sollte festgehalten werden, um auch Informationen über die Lese- bzw. Bearbeitungsgeschwindigkeit zur Verfügung zu haben.

Vorschlag für eine Arbeitsanweisung

➡ Um zu sehen, wie genau du lesen kannst, habe ich dir eine Geschichte über ... mitgebracht. Sie steht auf diesem Blatt (zeigen).

➡ Drehe das Blatt nun um.

➡ Auf deinem zweiten Blatt (zeigen), gibt es Aufgaben zu dieser Geschichte. Drehe auch dieses Blatt um! Diese Aufgaben sollst du nach dem Lesen der Geschichte beantworten.

➡ Lies dir die Geschichte nun genau durch.
Beantworte anschließend die Fragen.
Wenn du fertig bist, gibst du das Blatt ab.

➡ Fange jetzt an!

➡ (Nach ... Minuten): Bitte lege deinen Stift nun weg!

Bewertung der Ergebnisse

Die Punktezuordnung geht aus den Hinweisen auf den Seiten 39 bis 41. hervor. In Anlehnung an einschlägige Lesetests wird folgende Bewertung vorgeschlagen:

Punkte *)	Prozentrang	Bewertung der Leseleistung
9,0 - 10	90 - 100	sehr gut
7,5 - 8,9	75 - 89	überdurchschnittlich
5,1 - 7,4	51 - 74	gut durchschnittlich
2,6 - 5,0	26 - 50	knapp durchschnittlich
1,1 - 2,5	11 - 25	unterdurchschnittlich
0,6 - 1,0	6 - 10	schwach
0,0 = 0,5	0 - 5	sehr schwach

*) Anmerkung: Einige der Dezimalbrüche ergeben sich nur mathematisch, können in der Realität jedoch nicht erzielt werden, da nur ganze oder halbe Punkte vergeben werden.

Grundkurs

Allgemeine Hinweise

Der Text greift das Thema Wasser auf. Von den durch die Lehrpläne gegebenen Voraussetzungen her deckt er Anforderungen bereits der 1. und 2. Jahrgangsstufe ab. Thematisch knüpft der Text an den Grundkurs 1 an (= G1: „Rund ums Wasser").

Lösungen und Punkteverteilung

1. (Zeile 1) Wasser ist für Tiere, Pflanzen und Menschen lebenswichtig. (1,5 P)
2. (Zeile 15) Außerdem soll direkt an den Flüssen nicht mehr gebaut werden. (1 P)
3. (Zeile 16 - 17) Wenn es regnet kann man nasse Füße bekommen und einen Schnupfen. (1,5 P)
4. (Zeile 6 - 7) In vielen Gegenden kann der Boden den Regen nicht mehr aufsaugen.
   ☒ Der Boden wird immer mehr von Straßen, Wohngebieten und Fabriken überdeckt. (2 P)
5. (Zeile 12 - 14) Das Hochwasser richtet weniger Schaden an,
   ☒ wenn es schnell versickert oder in unbewohnte Uferbereiche fließen kann. (2 P)
6. ☒ Wasser ist lebenswichtig. Aber wenn plötzlich in riesigen Mengen Wohngebiete überflutet werden, kann es trotzdem gefährlich sein.
   Beide Aussagen sind richtig. (2 P)

Interpretation der Ergebnisse

Hat ein/e Leser/in einen Prozentrang von 90 – 100 oder 75 – 89 erreicht, so ist zu erwarten, dass auch Texte und Aufgabenstellungen des Mittelkurses bewältigt werden, auch wenn die Leistungen dann einem geringeren Prozentrang entsprechen werden. Im Sinne einer Begabtenförderung schlagen wir vor, zunächst das Heft bzw. die Kopiervorlagen zu Mittelkurs 1 einzusetzen, bei positiven Ergebnissen dann Mittelkurs 2.

Bei Erreichen eines Prozentrangs von 51 – 74 oder 26 – 50 wurden lediglich durchschnittliche Leistungen erzielt. In diesen Fällen ist es sinnvoll, die Leistungen mit Hilfe der Aufgaben in den Heften bzw. Kopiervorlagen des Grundkurses zu verbessern.
Bei Leser/innen, die einen Prozentrang von 75 nur knapp verfehlt haben, wird man den Grundkurs 2 einsetzen. Ist der Abstand deutlich größer, empfiehlt sich der Grundkurs 1.

Schülerinnen und Schüler, die nur einen Prozentrang von maximal 25 erzielen konnten, werden ihre Leistungen durch Bearbeitung der Hefte bzw. Kopiervorlagen von Grundkurs 1 verbesssern können. Vermutlich ist es erst nach einer intensiven Trainingsphase sinnvoll, den Grundkurs 2 einsetzen. Die Entscheidung kann nur von der Lehrkraft unter Berücksichtigung ergänzender Schülerbeobachtungen und eventuell nach Rücksprache mit den Eltern erfolgen.

Bei Leistungen unterhalb eines Prozentrangs von 5, was maximal 0,5 Punkten entspricht, sollte vor Einsatz von Übungen des Grundkurses eine genauere Analyse der hier offensichtlich gewordenen Defizite erfolgen. Bei Schülerinnen und Schülern mit nicht deutscher Muttersprache, die sich erst kurze Zeit bei uns befinden, ist eine Verbessserung der Lesekompetenz nur bei kontinuierlichem Besuch eines professionell geführten Förderkurses zu erwarten. Hat sich die sehr schwache Leistung ergeben, obwohl länger als ein Jahr ein entsprechender Förderkurs besucht wurde bzw. obwohl die Muttersprache Deutsch ist, sollte der schulpsychologische Beratungsdienst konsultiert werden.

Siehe Seite 41 unten.

Mittelkurs

Allgemeine Hinweise

Der Text greift das Thema Tier- und Umweltschutz auf. Von den durch die Lehrpläne gegebenen Voraussetzungen her deckt er Anforderungen der 3. und 4. Jahrgangsstufe ab. Thematisch knüpft der Text an den Mittelkurs 2 an (= M2: „Die Zeit der Dinosaurier").

Lösungen und Punkteverteilung

1. (Zeile 13) Aus ihrem Panzer kann man Schildpatt gewinnen. (1 P)
2. (Zeile 10 - 11) Die lebenden Tiere werden in Zoos untergebracht. (1 P)
3. (Zeile 9 - 10, 15 - 16) Durch sorgfältige Kontrollen auf den Flughäfen soll das Aussterben der Karettschildkröte verhindert werden. (1,5 P)
4. (Zeile 13) Badeurlaub auf einer Tropeninsel. (1,5 P)
5. (Zeile 12 - 14) Der Verkauf soll verboten werden, weil für den Schmuck viele Karettschildkröten sterben müssen. (1,5 P)
6. ☒ Nein, denn die Dinosaurier sind – bevor es Menschen gab – durch einen Meteoriten getötet worden, der auf die Erde stürzte. (1,5 P)
7. ☒ Die Jäger haben sich geirrt, denn die Karettschildkröten wären sonst nicht so selten geworden, dass sie vom Aussterben bedroht sind. (2 P)

Interpretation der Ergebnisse

Hat ein/e Leser/in einen Prozentrang von 90 – 100 oder 75 – 89 erreicht, so ist zu erwarten, dass auch Texte und Aufgabenstellungen des Aufbaukurses bewältigt werden, auch wenn die Leistungen dann einem geringeren Prozentrang entsprechen werden. Im Sinne einer Begabtenförderung schlagen wir vor, zunächst das Heft bzw. die Kopiervorlagen zu Aufbaukurs 1 einzusetzen, bei positiven Ergebnissen dann Aufbaukurs 2.

Bei Erreichen eines Prozentrangs von 51 – 74 oder 26 – 50 wurden lediglich durchschnittliche Leistungen erzielt. In diesen Fällen ist es sinnvoll, die Leistungen mit Hilfe der Aufgaben in den Heften bzw. Kopiervorlagen des Mittelkurses zu verbessern.
Bei Leser/innen, die einen Prozentrang von 75 nur knapp verfehlt haben, wird man den Mittelkurs 2 einsetzen. Ist der Abstand deutlich größer, empfiehlt sich der Mittelkurs 1.

Schülerinnen und Schüler, die nur einen Prozentrang von maximal 25 erzielen konnten, werden ihre Leistungen durch Bearbeitung der Hefte bzw. Kopiervorlagen des Grundkurses verbesssern können. Auch hier wird man differenziert vorgehen: Wurde der Prozentrang von 26 nur knapp verfehlt, empfiehlt sich die Arbeit mit dem Grundkurs 2, ist der Abstand größer, wird man mit dem Grundkurs 1 beginnen.
Die Entscheidung kann nur von der Lehrkraft unter Berücksichtigung ergänzender Schülerbeobachtungen und eventuell nach Rücksprache mit den Eltern erfolgen.

Bei Leistungen unterhalb eines Prozentrangs von 5, was maximal 0,5 Punkten entspricht, sollte vor Einsatz von Übungen des Grundkurses eine genauere Analyse der hier offensichtlich gewordenen Defizite erfolgen. Bei Schülerinnen und Schülern mit nicht deutscher Muttersprache, die sich erst kurze Zeit bei uns befinden, ist eine Verbessserung der Lesekompetenz nur bei kontinuierlichem Besuch eines professionell geführten Förderkurses zu erwarten. Hat sich die sehr schwache Leistung ergeben, obwohl länger als ein Jahr ein entsprechender Förderkurs besucht wurde bzw. obwohl die Muttersprache Deutsch ist, sollte der schulpsychologische Beratungsdienst konsultiert werden.

Siehe Seite 41 unten.

Aufbaukurs

Allgemeine Hinweise

Der Text greift das Thema Geschichte / Steinzeit auf. Von den durch die Lehrpläne gegebenen Voraussetzungen her deckt er Anforderungen der 5. und 6. Jahrgangsstufe ab. Thematisch knüpft der Text an den Aufbaukurs 1 an (= A1: „Aus der Steinzeit“, vgl. Schülerheft S. 1 f. oder im vorliegenden Lehrerheft 6 f.).

Lösungen und Punkteverteilung

1. (Zeile 8) ☒ Einige der großen Steine wurden aus fast 300 km Entfernung geholt. (1 P)
2. (Zeile 1) Mit dem Bau von Stonehenge wurde ungefähr 3000 v. Chr. begonnen. (1 P)
3. (Zeile 10 - 11) ☒ Mit dem Bau von Stonehenge wurde am Ende der Jungsteinzeit begonnen. (1,5 P)
4. ☒ Die Steinkreise von Avebury (Südengland) (1,5 P)
5. Die großen Steine von Stonehenge haben ein unterschiedliches Gewicht,
   ☒ weil sie von unterschiedlicher Größe sind (1,5 P)
6. Wenn Ötzi damals in Südengland gewesen wäre,
   ☒ hätte man ihn nicht in den Südtiroler Alpen ermorden können. (1,5 P)
7. Astronomische Beobachtungen waren damals notwendig, denn
   ☒ ... die Menschen hatten damals noch keinen Kalender; durch astronomische Beobachtungen konnten sie den Wechsel der Jahreszeiten vorhersagen und rechtzeitig mit landwirtschaftlichen Arbeiten beginnen. (2 P)

Interpretation der Ergebnisse

Hat ein/e Leser/in einen Prozentrang von 90 – 100 oder 75 – 89 erreicht, so ist zu erwarten, dass auch Texte und Aufgabenstellungen der bisher vorliegenden Hefte des Aufbaukurses bewältigt werden.

Bei Erreichen eines Prozentrangs von 51 – 74 oder 26 – 50 wurden lediglich durchschnittliche Leistungen erzielt. In diesen Fällen ist es sinnvoll, die Leistungen mit Hilfe der Aufgaben in den Heften bzw. Kopiervorlagen des Aufbaukurses zu verbessern.

Bei Leser/innen, die einen Prozentrang von 75 nur knapp verfehlt haben, wird man den Aufbaukurs 2 einsetzen. Ist der Abstand deutlich größer, empfiehlt sich zunächst der Aufbaukurs 1.

Schülerinnen und Schüler, die nur einen Prozentrang von maximal 25 erzielen konnten, werden ihre Leistungen durch Bearbeitung der Hefte bzw. Kopiervorlagen des Mittelkurses verbesssern können. Auch hier wird man differenziert vorgehen: Wurde der Prozentrang von 26 nur knapp verfehlt, empfiehlt sich die Arbeit mit dem Mittelkurs 2, ist der Abstand größer, wird man mit dem Mittelkurs 1 beginnen.
Die Entscheidung kann nur von der Lehrkraft unter Berücksichtigung ergänzender Schülerbeobachtungen und eventuell nach Rücksprache mit den Eltern erfolgen.

Bei Leistungen unterhalb eines Prozentrangs von 5, was maximal 0,5 Punkten entspricht, sollte vor Einsatz von Übungen des Grundkurses eine genauere Analyse der hier offensichtlich gewordenen Defizite erfolgen. Bei Schülerinnen und Schülern mit nicht deutscher Muttersprache, die sich erst kurze Zeit bei uns befinden, ist eine Verbessserung der Lesekompetenz nur bei kontinuierlichem Besuch eines professionell geführten Förderkurses zu erwarten. Hat sich die sehr schwache Leistung ergeben, obwohl länger als ein Jahr ein entsprechender Förderkurs besucht wurde bzw. obwohl die Muttersprache Deutsch ist, sollte der schulpsychologische Beratungsdienst konsultiert werden.

Der schulpsychologische Beratungsdienst

Ergibt sich nach Auswertung der als Orientierungshilfe gedachten Aufgaben ein Verdacht auf gravierendere Lesedefizite, so sollte zur genaueren Abklärung der bestehenden Schwierigkeiten der schulpsychologische Beratungsdienst eingeschaltet werden. Mit Hilfe von genormten Lesetests (z.B. „Zürcher Lesetest“ oder „Knuspels Leseaufgaben“) wird in einer ausführlichen Diagnostik festgestellt, auf welcher Stufe der Leseentwicklung Defizite vorliegen und wie gravierend die bestehenden Schwierigkeiten sind. Auf Grundlage dieser psychologischen Diagnose können dann vom Schulpsychologen individuelle, auf das jeweilige Leistungsprofil des Kindes zugeschnittene Interventionsmaßnahmen für Elternhaus und Schule (Klassenunterricht und Förderkurs) erstellt werden.

Gefährliches Wasser

Wasser ist für Tiere, Pflanzen und Menschen lebenswichtig. Aber wenn es zu viel regnet, kann Wasser auch gefährlich werden. Dann tritt es über die Flussufer und überschwemmt Häuser, Straßen und Felder. Die Menschen verlieren bei Hochwasser manchmal alles, was sie besitzen. Eigentlich kann der Boden wie ein Schwamm den Regen aufsaugen. Aber die Landschaft wurde in den letzten Jahrzehnten immer mehr zugebaut. Die Erde kann deshalb nur noch wenig Wasser aufnehmen. Viele Flüsse wurden außerdem “begradigt”. Das heißt, die Flüsse haben keine verschlungenen Nebenarme mehr. In diese Nebenarme konnte früher ein Teil des Hochwassers fließen. Aus den bitteren Erfahrungen der letzten Zeit hat man allerdings schnell gelernt. Ausgetrocknete Nebenarme werden heute wieder mit den Flüssen verbunden. Unbewohnte Uferbereiche werden künftig als Überflutungsgebiete genutzt. Bei Gefahr setzt man sie unter Wasser. Außerdem soll nicht mehr direkt an den Flüssen gebaut werden. Nasse Füße kann man bei Regen aber immer noch bekommen – und vielleicht einen Schnupfen.

Beginn: __________ Uhr / Abgabe: __________ Uhr

Aufgabenblatt zu „Gefährliches Wasser"

Wenn du den Text gelesen hast, kannst du sicher die folgenden Fragen beantworten und die Aufgaben lösen:

1. Für wen ist Wasser besonders wichtig? Die Antwort findest du in der Geschichte. Unterstreiche die richtigen Wörter.

2. Wo sollen Häuser in Zukunft nicht mehr gebaut werden? Suche in der Geschichte nach einer Antwort und unterstreiche sie.

3. Ein Lückentext:

   Wenn es _______________ kann man _______________ Füße bekommen

   und einen ________________________ .

   Setze die richtigen Wörter ein. Dabei hilft dir ein ähnlicher Satz, den du in der Geschichte schon gelesen hast.

4. In vielen Gegenden kann der Boden den Regen nicht mehr aufsaugen. Kreuze ✗ an, warum das so ist!

   ❑ *Das Wasser fließt in Überflutungsgebiete.*

   ❑ *Der Boden wird immer mehr von Straßen, Wohngebieten und Fabriken überdeckt.*

   ❑ *Die Flüsse haben zu viele verschlungene Nebenarme.*

5. Welche der folgenden Überlegungen ist richtig? Kreuze ✗ an:

   Das Hochwasser richtet weniger Schaden an,

   ❑ *wenn es schnell versickert oder in unbewohnte Uferbereiche fließen kann.*

   ❑ *wenn man die Landschaft stärker mit Straßen und Wohngebieten zubaut. Dann versickert nicht so viel Wasser im Boden. Das Wasser fließt dann schneller ab.*

   ❑ *wenn man den Menschen rechtzeitig Nasentropfen gegen Schnupfen gibt.*

6. Im Text heißt es, dass Wasser lebenswichtig ist. Es wird aber auch gesagt, dass Wasser gefährlich sein kann. Kreuze ✗ die richtige Erklärung für diese unterschiedlichen Aussagen an:

   ❑ *Wasser kann nicht zugleich lebenswichtig und gefährlich sein. Eine der Aussagen muss also falsch sein.*

   ❑ *Wasser ist lebenswichtig. Aber wenn plötzlich in riesigen Mengen Wohngebiete überflutet werden, kann es trotzdem gefährlich sein. Beide Aussagen sind richtig.*

   ❑ *Wasser kommt, Wasser fließt auch wieder weg. Da kann man nichts machen.*

Vom Aussterben bedroht

Jeder weiß, dass Dinosaurier schon vor Millionen Jahren ausgestorben sind. Aber nur wenige wissen, dass auch heute noch Tiere und Pflanzen vom Aussterben bedroht sind. Forscher meinen sogar, dass auf unserem Planeten täglich 120 Tier- und Pflanzenarten aussterben.

Viele seltene und eigentlich unter Naturschutz stehende Tiere aus südlichen oder tropischen Ländern müssen nur deshalb sterben, weil ihr Fell, ihre Hörner oder ihre zu Leder verarbeitete Haut von Touristen als Urlaubserinnerung mit nach Hause genommen wird.
Auf den Flughäfen werden diese geschmuggelten Souvenirs immer wieder von Zollbeamten entdeckt und sichergestellt. Sogar lebende Tiere findet man im Gepäck. Die müssen dann in Zoos untergebracht werden. Die Urlaubsschmuggler werden natürlich bestraft.

Zu den vom Aussterben bedrohten Tierarten gehört auch die Karettschildkröte.
Aus dem Panzer dieses Meeresbewohners gewinnt man das schillernde Schildpatt. Daraus werden kostbare Schmuckgegenstände oder Einlegearbeiten hergestellt. Solange es Urlauber gibt, die darauf nicht verzichten möchten oder sogar gefährdete lebende Tiere einschmuggeln, wird die Vielfalt unserer Tierwelt weiterhin abnehmen.
Den bedrohten Tierarten würde dann das gleiche Schicksal bevorstehen wie den Dinosauriern.
Diese haben allerdings ihr Ableben nicht skrupellosen Händlern oder unvernünftigen Touristen zu verdanken: Sie sind vermutlich Opfer eines Meteoriten geworden, der vor 64 Millionen Jahren auf die Erde gestürzt ist.

Beginn: __________ Uhr / Abgabe: __________ Uhr

Aufgabenblatt zu „Vom Aussterben bedroht“

Wenn du den Text gelesen hast, kannst du sicher die folgenden Fragen beantworten und die Aufgaben lösen:

1. Warum wird die Karettschildköte gejagt? Kreuze ✗ die richtige Antwort an.
   - ❏ Ihr Panzer zeigt ein schönes Muster.
   - ❏ Aus ihrem Panzer kann man Schildpatt gewinnen.
   - ❏ In ihrem Panzer befinden sich kostbare Einlegearbeiten.

2. Was geschieht mit den lebenden Tieren, die von Zollbeamten im Gepäck von Touristen gefunden werden? Kreuze ✗ die richtige Antwort an.
   - ❏ Die lebenden Tiere werden natürlich bestraft.
   - ❏ Diese Tiere werden als Urlaubserinnerung mit nach Hause genommen.
   - ❏ Die lebenden Tiere werden in Zoos untergebracht.

3. Kreuze ✗ die richtigen Aussagen an:
   Durch sorgfältige Kontrollen auf den Flughäfen soll
   - ❏ das Aussterben der Dinosaurier verhindert werden.
   - ❏ das Aussterben der Karettschildkröte verhindert werden.
   - ❏ soll verhindert werden, dass weitere Tierarten aussterben.

4. Ein Urlauber hat eine Karettschildkröte eingeschmuggelt. Wie und wo hat er wohl seinen Urlaub verbracht? Kreuze ✗ die richtige Antwort an.
   - ❏ Wanderurlaub in den österreichischen Alpen
   - ❏ Badeurlaub auf einer Tropeninsel
   - ❏ Kamelsafari in der Wüste Sahara

5. Tierschutzverbände möchten, dass der Verkauf von Schmuck aus echtem Schildpatt verboten wird. Was könnte der Grund dafür sein? Kreuze ✗ richtig an.

   Der Verkauf soll verboten werden, weil
   - ❏ Schmuck aus Holz billiger ist und man deshalb Geld spart.
   - ❏ für den Schmuck aus Schildpatt viele Karettschildkröten sterben müssen.
   - ❏ dann mehr Karettschildkröten gezüchtet werden

6. Naturschützer versuchen die Karettschildkröte vor dem Aussterben zu bewahren. Hätte man die Dinosaurier auch retten können? Kreuze ✗ die richtige Aussage an.
   - ❏ Ja, man hätte nur genügend Dinosaurier in Zoos unterbringen müssen.
   - ❏ Nein, denn die Dinosaurier sind - bevor es Menschen gab - durch einen Meteoriten getötet worden, der auf die Erde stürzte.
   - ❏ Nein, weil sich Naturschützer gar nicht um so viele Tierarten kümmern können.

7. Lange Zeit glaubten die Jäger der Karettschildkröte, dass deren Panzer nachwachsen würde, wenn man ihn so abtrennt, dass das Tier nicht stirbt. Die Schildkröten warf man dann ohne Panzer zurück ins Meer. Woran erkennt man, dass sich die Jäger geirrt haben? Kreuze ✗ die richtige Antwort an.

   Die Jäger haben sich geirrt, denn
   - ❏ das Abtrennen des Panzers tut der Karettschildkröte weh.
   - ❏ die Karettschildkröte kann ohne Panzer nicht schwimmen, sie geht unter und wird dann ertrinken.
   - ❏ die Karettschildkröten wären sonst nicht so selten geworden, dass sie vom Aussterben bedroht sind.

Stonehenge oder: Das Geheimnis der stehenden Steine

Vor 5000 Jahren wurde in den Südtiroler Alpen ein später als „Ötzi“ bekannt gewordener Bergsteiger ermordet. 1000 km entfernt, in der heutigen südenglischen Grafschaft Wiltshire, ahnte man damals natürlich nichts von Ötzis Ableben.

Die Menschen hier waren ohnehin ziemlich beschäftigt. Man begann nämlich mit dem Bau einer Tempelanlage, die aus einem durch Wall und Graben gebildeten Ring von ungefähr 100 Metern Durchmesser bestand. 1000 Jahre später wurde die Anlage durch konzentrische* Kreise aus großen aufrecht stehenden Steinen ergänzt. Im Zentrum ordnete man weitere Steine hufeisenförmig an. Die einzelnen Steinblöcke wogen zwischen 4 und 45 Tonnen. Teilweise wurden sie über eine Strecke von 285 Kilometern her transportiert. Innerhalb einer immer wieder unterbrochenen Bauzeit ist hier in 2000 Jahren ein einzigartiges kulturelles Monument entstanden: Stonehenge. Es macht deutlich, zu welchen Leistungen die Menschen zwischen Jungsteinzeit und Bronzezeit fähig waren.

Bis heute birgt Stonehenge manches Geheimnis. Schon der Transport der unhandlichen Felsbrocken ohne die heutigen technischen Hilfsmittel wirft Fragen auf. Kein Wunder, dass man früher glaubte, hier seien magische Kräfte am Werk gewesen. Auch über die Bedeutung des Kultplatzes gibt es nur Vermutungen: Stonehenge war wohl ein bedeutendes religiöses Zentrum. Außerdem konnten hier astronomische Beobachtungen gemacht werden.

Inzwischen ist die Anlage teilweise zerfallen und zerstört. Dennoch kann sich kaum ein Besucher der Faszination der vorgeschichtlichen Kultstätte entziehen. Anhänger religiöser Geheimlehren glauben ohnehin, dass Stonehenge ein Ort ist, von dem besondere Kräfte ausgehen. Ob diese Kräfte wohl Ötzi das Leben gerettet hätten, wenn er damals in Südengland statt in Südtirol gewesen wäre?

Worterklärung: Konzentrische Kreise haben unterschiedliche Durchmesser aber einen gemeinsamen Mittelpunkt.

Beginn: __________ Uhr / Abgabe: __________ Uhr

Aufgabenblatt zu „Stonehenge oder: Das Geheimnis der stehenden Steine“

Wenn du den Text gelesen hast, kannst du sicher die folgenden Fragen beantworten und die Aufgaben lösen:

1. Kreuze die richtige Aussage an:
   - ❑ Einige der großen Steine wurden aus 1000 km Entfernung geholt.
   - ❑ Einige der großen Steine wurden aus fast 300 km Entfernung geholt.
   - ❑ Einige der großen Steine wurden aus 100 m Entfernung geholt.

2. Wann wurde mit dem Bau der Tempelanlage von Stonehenge begonnen?
   Gib eine Jahreszahl an. Runde dabei auf volle Tausender auf oder ab: ______________

3. Kreuze die richtige Aussage an:
   - ❑ Mit dem Bau der Anlage von Stonehenge wurde am Ende der Jungsteinzeit begonnen.
   - ❑ Mit dem Bau der Anlage von Stonehenge wurde am Beginn der Jungsteinzeit begonnen.
   - ❑ Mit dem Bau der Anlage von Stonehenge wurde am Ende der Bronzezeit begonnen.

4. Zur gleichen Zeit wie in Stonehenge entstanden auch an anderen Orten der Welt Bauten aus großen Steinen. Welches der folgenden Denkmäler weist die größte äußere Ähnlichkeit mit Stonehenge auf? Kreuze die richtige Antwort an.
   - ❑ Die Ganggräber in der Lüneburger Heide (Norddeutschland)
   - ❑ Die Steinkreise von Avebury (Südengland)
   - ❑ Die Steinpyramiden von Giseh (Nordägypten)
   - ❑ Die Steinalleen von Carnac (Nordfrankreich)

5. Kreuze die richtige Aussage an: Die großen Steine von Stonehenge haben ein unterschiedliches Gewicht
   - ❑ weil sie aus unterschiedlichem Material sind.
   - ❑ weil sie von unterschiedlicher Größe sind.
   - ❑ weil ihr Gewicht durch magische Kräfte verändert wurde.

6. Kreuze die richtige Aussage an: Wenn Ötzi damals in Südengland gewesen wäre,
   - ❑ hätte man ihn trotzdem in den Südtiroler Alpen ermordet.
   - ❑ hätten ihm die von Stonehenge ausgehenden besonderen Kräfte das Leben gerettet.
   - ❑ hätte man ihn nicht in den Südtiroler Alpen ermorden können.

7. Kreuze die richtige Aussage an: Astronomische Beobachtungen (Beobachtungen von Sonne, Mond und Sternen) waren damals notwendig, denn
   - ❑ die Menschen hatten damals noch keinen Kalender; durch astronomische Beobachtungen konnten sie dennoch feststellen, wann Weihnachten ist.
   - ❑ die Menschen hatten damals noch keinen Kalender; durch astronomische Beobachtungen konnten sie den Wechsel der Jahreszeiten vorhersagen und rechtzeitig mit landwirtschaftlichen Arbeiten beginnen.
   - ❑ die Menschen hatten damals noch keinen Kalender; durch astronomische Beobachtungen konnten sie feststellen, wann die beste Zeit für die Jagd auf Mammuts war.

Literaturhinweise

Lese(r)forschung

Artel, Cordula u..a.: Lesekompetenz: Testkonzeption und Ergebnisse. In: Baumert u.a. 2001, S. 69 - 137.

Baumert, Hans u.a. (Hrsg.): PISA 2000. Basiskompetenzen von Schülerinnen und Schülern im internationalen Vergleich. Opladen: Leske+ Budrich 2001. Eine umfassende Darstellung der internationalen PISA-Studie. Die Ergebnisse werden knapp kommentiert.

Baumert, Hans u.a. (Hrsg.): PISA 2000 - Die Länder der Bundesrepublik Deutschland im Vergleich. Opladen: Leske+Budrich 2002.

Christmann, Ursula / Norbert Groeben: Psychologie des Lesens. In: Franzmann 2001, S. 145 - 223.

Franzmann, Bodo u.a. (Hrsg.): Handbuch Lesen. Baltmannsweiler: Schneider 2001 (zuerst: München 1999).

Groeben, Norbert / Bettina Hurrelmann (Hrsg.): Lesekompetenz. Bedingungen, Dimensionen, Funktionen. Weinheim/: Juventa 2002.

Hurrelmann, Bettina / Michael Hammer / Ferdinand Nieß: Leseklima in der Familie. Lesesozialisation Band 1. Gütersloh: Bertelsmann Stiftung 1993.

Knobloch, Jörg: Lehrpläne und Literaturunterricht an Hauptschulen. Fallstudie über den bayerischen Lehrplan „Lesen". Weinheim: Juventa 1998.

Lehmann, Rainer H. u.a.: Leseverständnis und Lesegewohnheiten deutscher Schüler und Schülerinnen. Weinheim/Basel: Beltz 1995.

Schiefele, Hans / Karl Stocker: Literaturinteresse. Ansatzpunkte einer Literaturdidaktik. Weinheim/Basel: Beltz 1990.

Spitzer, Manfred: Lernen. Gehirnforschung und die Schule des Lebens. Heidelberg/Berlin: Spektrum 2002.

Vanecek, Erich (Hrsg.): Schulische Leseförderung. Frankfurt/M u.a.: Peter Lang 1993.

Lese- und Literaturdidaktik

Altenberg, Erika: Wege zum selbständigen Lesen. 10 Methoden der Texterschließung. Berlin: Cornelsen. Scriptor ^{4}1998.

Bamberger, Richard: Erfolgreiche Leseerziehung in Theorie und Praxis. Baltmannsweiler: Schneider 2000.

Chambers, Aidan: The Reading Environment. How adults help children enjoy books. Stroud: The Thimble Press 1991.

Crämer, Claudia u.a. (Hrsg.): Lesekompetenz erwerben und fördern. Braunschweig: Westermann 1998.

Gärtner, Hans: Spaß an Büchern! München: Don Bosco 1997.

Haas, Gerhard / Wolfgang Menzel / Kaspar H. Spinner: Handlungs- und produktionsorientierter Literaturunterricht. In: Praxis Deutsch Nr. 123 / Jan. 1994, S. 17 - 25.

Knobloch, Jörg / Malte Dahrendorf (Hrsg.): Offener Unterricht mit Kinder- und Jugendliteratur. Baltmannsweiler: Schneider (1999) ^{2}2001.

Knobloch, Jörg: Das Geheimnis der Lesekiste. Bd. 1: Grundschule und Bibliothek; Bd. 2: Sekundarstufen und Bibliothek. Lichtenau: AOL Verlag 2001/2002.

Knobloch, Jörg: Wie aus Kindern Leser werden. Ein Ratgeber für Eltern, Erzieherinnen und Lehrkkräfte. Lichtenau: mehrzu.de 2005.

Ott, Ernst: Optimales Lesen. Reinbek: Rowohlt 1972 ff.

Waldmann, Günter: Produktiver Umgang mit Literatur im Unterricht. Baltmannsweiler: Schneider Hohengehren ^{2}1999.

Weitere Literaturhinweise unter www.mehrzu.de